LE MALDIVE
IL MEGLIO DI
MICHAEL FRIEDEL

TESTO DI MARION FRIEDEL

EDITION MM

LE MALDIVE, oggi sulla bocca di tutti, appena venti anni fa erano una repubblica corallina sconosciuta e dimenticata dal mondo, al di fuori delle comuni rotte aeree e marine. Secondo l'ONU queste isole appartenevano ai 25 paesi più poveri del mondo. Il 1972 è stato l'anno X per lo sviluppo del turismo delle Maldive, quando un gruppo di sommozzatori italiani scoprì il mondo degli atolli e delle scogliere coralline, un vero e proprio "paradiso sottomarino".

Nel 1973 Michael Friedel fotografò per la rivista illustrata STERN le Maldive: "ISOLE PER SOGNARE ... Da sei mesi è stato scoperto nell'oceano Indiano un nuovo paradiso per le vacanze: le Maldive. Le isole coralline sono un eldorado per i sub e i sognatori. Chi cerca la confusione le dovrebbe evitare."

Michael Friedel, nato nel 1935, lavora come fotografo per importanti riviste internazionali quali STERN, GEO, PARIS MATCH, LIFE. I suoi servizi fotografici su queste isole da favola hanno fatto il giro del mondo. Esperto viaggiatore, autore di venti volumi illustrati, conosce cinque lingue ed è in grado di sentirsi a casa sua non solo in ogni parte del mondo, ma anche in tutti gli ambienti: sulla terra, nell'aria, sopra e sotto l'acqua.

Questo è il suo quarto libro sull'arcipelago delle Maldive. In questo volume sono raccolte le immagini più suggestive scattate negli ultimi trent'anni. Il turismo rappresenta oggi un'importante fonte di entrata del paese. In occasione del trentesimo anniversario del turismo il Presidente delle Maldive His Excellency Maumoon Abdul Gayoom ha inaugurato una grande mostra di Michael Friedel a Male.

Abdul Azeez Abdul Hakim, nato nel 1948 sull'atollo di Lhaviany a Naifaru, è un uomo dalle grandi visioni. Azzez è stato direttore governativo presso il Ministero della pesca e dell'agricoltura. Oggi si occupa di protezione dell'ambiente, la sua esperienza è riconosciuta a livello internazionale. "Il mare è una parte della nostra vita, dobbiamo proteggere le barriere coralline. Senza le barriere che svolgono una funziona protettiva, le isole finirebbero per essere erose dal mare. Se la barriera viene distrutta, lo saremo anche noi. È così semplice!" Lo sbiancamento dei coralli, una catastrofe a livello mondiale, causato da El Niño nel 1998 e dal riscaldamento globale della temperatura ha portato alla morte del 70% dei polipi dei coralli. Abdul Azeez Abdul Hakim lavora presso il "Banyan Tree Marine Laboratory" di Vabbinfaru dove svolge ricerche, col sostegno di altri biologi marini, sull'allevamento e la riproduzione dei coralli. In questo libro Azeez, che tutti i giorni mette la testa sott'acqua per studiare la barriera e i suoi abitanti, ci racconta la sua esperienza diretta sul posto.

L'autrice dei testi, Marion Friedel, nata nel 1945, fa da trent'anni la libera professione come la giornalista. Dal 1975 segue con uno sguardo talora felice, talora dispiaciuto i muta-menti che avvengono nelle Maldive. Come un po' dovunque, anche qui lo sviluppo moderno ha portato ad un progresso contraddittorio. In questo volume di fotografie sono documentate in modo fedele le meraviglie naturali delle isole, le prime esperienze di vita e il rapido sviluppo che queste terre hanno conosciuto in trent' anni. Il libro non vuole essere una guida turistica ma un documento visivo accompagnato da utili informazioni.

Michael Friedel
Abdul Azeez

INDICE

Rilassarsi all'ombra di palme pendenti o immergersi in qualche lettura estiva. KUDA BANDOS, l'isola disabitata che si trova difronte al villaggio dell'isola di BANDOS, si può raggiungere con la barca in pochi minuti. Soltanto il venerdì, cioè la domenica mussulmana, l'isola è riservata esclusivamente alla popolazione della capitale Male. Pagine 8 - 9

Dal finestrino dell'idrovolante si intravedono, attraverso strati di nuvole, le bizzarre formazioni degli atolli dell'arcipelago delle Maldive. Uno spettacolo della natura. L'isola-albergo di ASDU, nell'atollo di Male Nord, è l'unica a emergere dall'acqua. Tutti gli altri banchi corallini all'interno del grande atollo si trovano invece alcuni metri sotto il livello del mare. Pag. 10 - 11

Prima che sull'isola di NALAGURAIDHOO, lunga 1.6 km e larga 440 metri, nell'atollo di Ari, sorgesse il resort di SUN ISLAND, per anni era stata prelevata sabbia dalla laguna per ingrandire le spiagge naturali intorno all'isola, per i 350 bungalow. La natura però segue le proprie leggi: la sabbia posata con tanta fatica si è trasformata in breve tempo in una grossa lingua di terra. Pagine 12 - 13

Come due grandi occhi, le isole di VABBINFARU e IHURU, guardano all'insù verso il cielo tropicale. Questa foto del 1973 mostra l'isola nel suo aspetto naturale e col suo anello corallino intatto. Oggi si chiamano Banyantree e Angsana. Molte isole perdono sabbia e sono soggette a erosione in quanto la barriera corallina che le circonda è stata spezzata per permettere l'accesso alle barche. Pagine 14 - 15

Il dhoni dei pescatori passa la punta sud di REETHI BEACH nell'atollo di Baa. Tutti i grandi alberghi offrono pesce fresco nel loro menu. Molti si riforniscono direttamente dai pescatori. Nell'atollo di Baa, a soli 35 minuti di volo da Male, sta sorgendo un nuovo centro turistico e i pescatori della capitale-atollo EYDAFUSHI in futuro avranno sempre più da fare. Pagine 16 - 17

Nel 1976 l'isola di IHURU, nell'atollo di Male Nord, era una terra disabitata, meta soltanto di pescatori e frequentata prevalentemente per raccolta di noci di cocco. Nel paradiso dei mille atolli ci sono moltissime "isole alla Robinson". Delle circa 1195 isole dell'arcipelago solo poco più di 200 sono abitate. Più di 80 isole sono oggi sede di complessi alberghieri. E presto ne sorgeranno altri. Pagine 18 - 19

Le quattro isole disabitate dell'atollo di Baa si susseguono l'una accanto all'altra come perle di una collana. Chi non sogna un paradiso ai margini della civiltà per vivere al di fuori di ogni conflitto ed in modo primitivo nella natura incontaminata? Nessun stress quotidiano, nessuna angoscia del tempo che passa, ma il lasciar correre delle cose, la totale tranquillità e l'immenso, il calore, la luce e i colori. Testo Maldive: Pagine 20 - 23

A parte poche eccezioni, i turisti e i maldiviani restano ognuno sulla propria isola e non si amalgamano fra di loro. Le donne maldiviane sono tabù per i viaggiatori. Questo tipo di amicizia tra i popoli, anche se necessaria per il turismo, non viene ben visto dallo stato musulmano. Le tradizioni locali vogliono che il bagno si faccia vestiti. Le donne di queste isole sono sempre state sicure di sé e non portano il velo. Testo MALDIVE: Pagine 24 - 27

INDICE

Habeeba, Khadheya, Latheefa e Abidhera Ibrahim sono tra i gruppi musicali e di danza tradizionali di Kulhudhufushi nell'atollo settentrionale di Haa-Dhaal. Tra le occasioni particolari vi è il festival del giuramento, durante il quale viene celebrato il "Bolimalaafath Neshun – la danza in omaggio del sultano". Dal 1965 lo scopo della festa non è più l'omaggio al sultano, ma la popolare danza continua a essere molto amata. Pagine 28 - 29

Come intrattenimento serale negli anni settanta si utilizzava il grande tamburo Bodi Beru, accompagnato da canti e danze di soli uomini. Il grande tamburo testimonia l'influsso degli schiavi africani che approdarono sulle isole come naufraghi. I giovani invece, come in tutto il mondo, preferiscono il rock e la musica da discoteca dell'occidente. Pagine 30 - 31

La vita del villaggio segue regole ben precise e si svolge in perfetta armonia. In questi mondi insulari lontani, l'aiuto reciproco è una regola di vita. Sulle strade larghe e pulite, presenti in tutte le isole anche come forma di protezione contro le zanzare, si svolge una parte importante della vita quotidiana. Qui le donne mettono ad asciugare il principale articolo da esportazione, il "Maldivian Fish". Pagine 32 - 33

Gli uomini vanno a pescare o al lavoro nelle isole-albergo. Le donne e i bambini non lasciano quasi mai la propria isola. Gli abitanti si procurano da soli ciò di cui hanno bisogno. Oltre al riso, che viene importato, il pesce e la noce di cocco sono gli alimenti principali. Le donne guadagnano qualcosa intrecciando foglie di palma. Sempre più alberghi usano le foglie di palma per ricoprire i tetti e intonarsi con l'ambiente. Pagine 34 - 35

Una volta alla settimana le barche dei pescatori, fatte di legno di palma, vengono revisionate sulla spiaggia. Per questo lavoro sono necessarie più mani. I "dhoni" sono di importanza vitale per queste isole lontano da tutto, e anche una proprietà preziosa. Solo chi ha una barca riesce a guadagnarsi da vivere. Senza barche non ci sarebbero né la pesca né il collegamento col mondo esterno. Pagine 36 - 37

Senza pioggia non c'è alcun paradiso. La variazione delle condizioni atmosferiche è legata essenzialmente a due stagioni monsoniche, con venti di direzione contrapposta. Violenti acquazzoni si abbattono sulle isole soprattutto nel periodo che va da maggio a ottobre. Precise previsioni metereologiche, come in altre parti del mondo, non sempre sono attendibili, ma si può dire che anche nel periodo delle piogge prevalga il sole. Pagine 38 - 39

Il quadro idilliaco di una famiglia, protetta e riparata, nella zona soggiorno di KAMADHOO nell'atollo di Baa, molti anni fa. La maggior parte delle isole abitate dispone oggi di energia elettrica. Depuratori e generatori pompano l'acqua sotterranea in grandi contenitori di acqua dolce. I vecchi pozzi non vengono più usati. Pagine 40 - 41

Male, capitale e grosso conglomerato urbano delle Maldive, vive una situazione critica per quanto riguarda le abitazioni. Ufficialmente la città conta 80.000 abitanti, più di 800 auto, motorini, biciclette e imbarcazioni. È l'unico insediamento urbano delle isole, il centro motore della politica, del commercio, della religione e della cultura. Qui, a soli 10 minuti dall'aereoporto, è situato l'unico accesso al mondo esterno. Pagine 42 - 43

INDICE

Che cos,è cambiato dagli anni ,70 sull,isola principale? Tutto! Oggi a Male sono arrivati i „tempi moderni‰ con un eccesso di merci da tutto il mondo. Sui due chilometri quadrati di isola non esistono più zone allo stato naturale. Qui vivono e lavorano più di 80.000 persone. I grattacieli sulla Marine Drive, Boduthakurufaanu Magu, caratterizzano il panorama. Pagine 44 - 45

All,inizio degli anni ,70 Male era una zona pedonale polverosa. Sui carri tirati dagli uomini venivano trasportate poche merci, le noci di cocco e i pesci, che venivano portati con i dhoni nell,isola principale. Le case avevano piccoli giardini ombreggiati dagli alberi e come unico collegamento vi era la Air Ceylon, che diverse volte alla settimana atterrava sulla vicina isola di Hulule. Pagine 46 - 47

La mattina presto, ancor prima del sorgere del sole alle cinque, le pittoresche barche di pescatori, i dhoni, lasciano il porto e verso le 16.00 vanno al mercato del pesce di Male. Nelle giornate fortunate si pescano diverse centinaia di pesci in poche ore. Durante la stagione del tonno le barche sono cariche di "Bonitos" e dei grandi "pinna gialla". Pagine 48 - 49

Visti dall'alto gli atolli delle isole Maldive offrono uno spettacolo affascinante. I maldiviani chiamano queste isole disposte a scogliera Atolu", da cui deriva la denominazione internazionale di Atollo" per le isole coralline. La più grande formazione di banco corallino del mondo è un miracolo della natura creato da minuscoli animali, i polipi corallini. Pagine 50 - 51

VELIGANDU ISLAND RESORT è un villaggio turistico che si trova nell'atollo di Rasdu. Il suo ampio banco di sabbia è ricco di fini coralli e conchiglie frantumate. Maree e capricciosi monsoni mantengono l'isola in perenne movimento, ne mutano la forma e la fanno sparire interamente per alcuni periodi. La vicinanza della spiaggia per tutte le isole Maldive si deve prendere alla lettera. Pagine 52 - 53

Tutte le isole Maldive prendono origine da un piccolo banco di sabbia su di una scogliera corallina. Portate dal vento, dalle onde, dalle correnti si ingrandirono a poco a poco sempre di più fino a diventare delle isole. Ma così come si sono formate, possono sparire nuovamente nel mare a causa di tempeste e mutamenti delle maree. Pagine 54 - 55

Ecco un'isola piatta. Le noci di cocco pendono dagli alberi, le palme crescono alte e le loro radici rafforzano il terreno. Gli uccelli marini e i bernardi eremiti sono i primi abitanti. Una parte della spiaggia e della zona verde dell'isola giace a uno/due metri sopra il livello del mare, mentre il resto di ciò che si vede, la laguna, si estende fino a due metri sotto il livello del mare. Pagine 56 - 57

Tutte le palme di cocco delle Maldive sono proprietà dello Stato e vengono date in affitto agli abitanti. Chi vuole avere una noce di cocco deve chiederla. Le pittoresche palme inclinate di KUDA BANDOS sono destinate a scomparire perchè la scogliera protettiva dell'-isola è stata danneggiata. Tempeste e correnti marine erodono sempre di più la sabbia. Pagine 58 - 59

INDICE

La Maldive sono una catena di piccoli e grandi atolli. Tra i grandi atolli il più piccolo è RASDU, con un diametro di 9,5 km. Si trova nella punta nord dell'atollo di Ari. Il grande anello è il bordo esterno di un vulcano sommerso. Vicino all'atollo di RASDU, abitato da pescatori, vi sono a destra e a sinistra le isole-albergo di KURAMATHI e VELIGANDU.
Pagine 60 - 61

"E' come guardare una distesa di collane di giada con smeraldi sparsi su velluto blu", così descrisse Thor Hayerdahl le Maldive. Le isole rotonde, ovali, lunghe e a mezzaluna emergono solo uno o due metri dall'Oceano Indiano. Se il livello del mare in futuro dovesse veramente innalzarsi sensibilmente, le isole sarebbero destinate a sprofondare.
Pagine 62 - 63

Ogni giorno verso le 18 si può godere il tramonto. Qui, in vicinanza dell'equatore, il giorno dura esattamente come la notte, 12 ore. Sebbene le temperature anche di notte diminuiscano soltanto di pochi gradi, il tepore è piacevole. L'umidità relativamente alta dell'aria ben si sopporta grazie alla leggera e continua brezza marina. Pagine 64 - 65

Nel 1979 l'isola di IHURU si aprì al turismo. Di forma ovale, ha un diametro di circa 200 metri e può essere percorsa tranquillamente in pochi minuti. In passato il numero dei posti-letto era collegato alla presenza di acqua potabile nell'isola. Oggi, un impianto di desalificazione dell'acqua marina rifornisce i 45 bungalow dell'Angsana Resort & Spa.
Pagine 66 - 67

"Alle 6 di mattina siamo saliti sull'Aladin", il primo dhoni a motore, per andare all'atollo di Ari. Soffiava un leggero vento e abbiamo innalzato la grossa vela. Grazie al motore diesel scivolavamo veloci sul mare tranquillo e abbiamo pescato 38 "Bonitos", che abbiamo poi regalato alla prima isola abitata come regalo di benvenuto." Ha annotato Marion Friedel nel 1973. Pagine 68 - 69

I velieri usati per il trasporto di merci si chiamano "batheli". In passato viaggiavano tra le isole, arrivavano da atolli lontani per approdare nell'unico centro di commerci e dei traffici dell'isola del Sultano, la capitale Male. I viaggi più lunghi potevano durare anche settimane o mesi per le mutevoli condizioni del tempo. Solo negli anni '70 le prime barche a vela sono state equipaggiate di motori diesel.
Pagine 70 - 71

La maggior parte dei maldiviani vive di pesca. Oltre alle entrate provenienti dal turismo, la pesca rappresenta un ramo principale dell'economia dell'arcipelago. Per dare la caccia ai gruppi di tonni si riuniscono diverse barche, a formare una flotta. I maldiviani non usano pescare con la rete, ma con ami e esche vive. Pagine 72 - 73

HALAVELI, nell'atollo di Ari, è un grande albergo, frequentato soprattutto da italiani. I turisti più numerosi alle Maldive sono proprio gli italiani. Il relitto di un vascello affondato nei pressi della barriera è una grande attrazione per i sub. Il viaggio in barca con un dhoni dall'aeroporto dura 4-6 ore, con un motoscafo 2 ore, con l'idrovolante 20 minuti. Pagine 74 - 75

INDICE

Attività principali: giochi d'acqua e dolce far niente'- tutto ciò nell'-ambiente paradisiaco delle Maldive. Per Dio, invidio quest'uomo e avrei desiderato che l'isola mi appartenesse, un'isola dove avrei potuto ritirarmi". Così sognava già nel XVI secolo il gira mondo Ibn Battuta. Pagine 76 - 77

I Dasiatidi sono pesci molto curiosi che non hanno paura di essere toccati. Ogni giorno e alla stessa ora, nel basso fondale all'interno della barriera, ne arrivano fino a cinque esemplari, desiderosi di farsi toccare e accarezzare dai turisti. Se si sentono a proprio agio la loro terribile coda dotata di aculeo non é pericolosa. Pagine 78 - 79

L'istruttore sub Herrwarth Voigtmann non ha paura degli squali; questi pesci, nelle acque delle Maldive, sono tutti innocui. Alcuni anni fa era di moda adescare gli squali con del cibo per offrire ai turisti uno spettacolo da circo sott'-acqua. Per proteggere gli animali che elemosinando la pastura perdevano la naturale abitudine alla caccia, questo show è stato soppresso. Pagine 80 - 81

I coralli e le tartarughe marine verdi sono tra le specie in pericolo che abitano l,ecosistema marino. Fino al compimento del primo anno di età anni vengono cresciute in una gabbia protetta nelle calme acque della laguna di Vabbinfaru. In seguito, dei trasmettitori forniscono importanti informazioni sulle „rotteche vengono intraprese da questi animali. Ogni anno Azeez e il suo team rilasciano in libertà più di 60 tartarughe. Pagine 82 - 83

Il mondo sottomarino delle Maldive è tra i migliori che i mari del mondo possano offrire. Le molteplici varietà di specie si sono potute conservare e rigenerare grazie alle misure di protezione contro i danni arrecati al turismo dei primi anni, ovvero la pesca e la sottrazione di esemplari marini. Un breve sguardo al fondo marino cristallino da esplorare. Pagine 84 - 85

Più di ottanta isole ospitano ormai alberghi negli atolli di Raa, Baa, Lhaviyani, Male Nord, Male Sud, Ari, Vaavu, Faafu, Dhaalu, Meemu e Seenu. Il più piccolo di tutti si trova a Kudahiti, nell'atollo di Male Nord, e ha sette stanze. È in progetto la costruzione di altri alberghi su altre isole. In questo modo la popolazione di tutti gli atolli partecipa allo sviluppo turistico. Pagine 86 - 89

Da trent'anni Michael Friedel ha fotografato con fedeltà e passione queste isole. Nel 1973 l' aviazione di Ceylon gli ha permesso di scattare le prime foto dall'alto sull'arcipelago maldiviano. È stato un amore a prima vista e, per gli abitanti delle Maldive, sono state queste le prime fotografie aeree delle loro isole. Il fotografo ci illustra il suo lavoro, quello che è scaturito dalla sua pluriennale attività. Pagine 90 - 91

Nelle ultime pagine:
INFORMAZIONI GENERALI
NOTIZIE UTILI
TABELLA CLIMATICA
REGOLAMENTO
BIBLIOGRAFIA DI LIBRI DI SCOPERTE E VIAGGI
CARTA GEOGRAFICA
IMPRESSUM
Pagine 92 - 96

Nell'avvicinarmi in volo alle isole si apre sotto di me un paesaggio quasi irreale: isole, un mare pieno di minuscole isolette, sparse in mezzo all'oceano Indiano. Le scogliere coralline si ergono dal blu dell'oceano, profondo più di 2000 metri. Piccole e grandi, tonde ed ovali a formare un cerchio di atolli. Lagune di color turchino, banchi di sabbia e piccolissime isole ricoperte di palme e orlate da luminose spiaggie bianche.

Dal pontile della barca lo sguardo cade sull'acqua chiara come il cristallo e poi su banchi di pesci colorati, come da noi non si vedono neppure in un acquario. Scortato da pesci volanti approdo sull'isola.

I piedi affondano nella sabbia corallina; attraverso ed esploro la piccola isola in un quarto d'ora. Le esperienze più eccitanti mi aspettano a pochi metri dal mio bungalow sul margine scoglioso della laguna. Osservo questo mondo strano e bizzarro, questo immenso acquario naturale. Scorgo figure che sembrano corna di cervo, cervelli superdimensionali, piume di struzzo, ventagli, coralli pietrificati e in movimento. In questi fiorenti parchi di coralli nuotano moltissimi pesci di tutte le forme e di tutti i colori; non scappano via, nè cercano di fuggire o di scansarmi, forse li posso persino toccare. Queste isole sono solo le punte emerse di una terra che si chiama Maldive.

"Dhivehi Raage" - era il nome che gli abitanti davano a questo insieme di isole. Essi stessi si chiamano "Dhivehi" cioè abitanti dell'isola.

"Atholhu" è invece il nome per le isole disposte secondo cerchi di scogliere coralline ed è da qui che deriva la denominazione internazionale di Atollo per indicare le isole coralline.

La catena degli atolli delle Maldive si trova a 400 miglia dalla punta meridionale dell'India e dall'isola di Ceylon. È la barriera corallina più grande e spettacolare del mondo. A forma di ghirlanda coronata da 2000 piccole isole, questi cerchi di atolli si estendono per una lunghezza di 760 chilometri ed un larghezza di 120 chilometri. L'arcipelago delle Maldive si configura come una barriera naturale nel tragitto verso l'India, a ragione temuta dai navigatori di tutti i tempi.

Anche Charles Darwin, il fondatore della teoria classica degli atolli, fu colto dall'entusiasmo: "Rimaniamo colpiti quando i viaggiatori ci raccontano di enormi piramidi e di altre imponenti rovine; ma la loro grandezza è niente in confronto a queste montagne di roccia che sono il frutto dell'opera di animali più diversi! Questo è un miracolo che non impressiona al primo impatto i nostri occhi, ma che si imprime profondamente nel nostro pensiero ... . A stento possiamo immaginare, se non l'abbiamo visto, l'immensità dell'oceano, la violenza della marea in netto contrasto con le dolci alture della terra e la piatta superficie del mare verde chiaro della laguna."

Sull'origine degli atolli vi sono numerose ipotesi contrastanti. Secondo Darwin questi atolli sono nati quando le isole vulcaniche sono sprofondate lentamente nel mare. Mentre la massa della terra emergeva, contemporaneamente si formava tutt'intorno una barriera corallina, al posto delle coste preesistenti, come un anello. I coralli crebbero verso l'alto alla ricerca della luce del sole, per allinearsi allo specchio d'acqua. Dal momento che le condizioni di vita sono più favorevoli all'esterno, la parte centrale diventa pian piano desertica fino ad essere una laguna. Le tempeste, le onde, le maree, le correnti di depositi corallini e di conchiglie riempiono la laguna e permettono il formarsi di un banco di sabbia pianeggiante. Le noci di cocco si accumulano sulla spiaggia, crescono le palme e le radici rafforzano il terreno sabbioso. I primi visitatori dell'isola sono gli uccelli marini, i granchi insediatisi sulla terra e gli insetti. L'arcipelago delle Maldive è uno dei miracoli del mondo, opera di minuscoli animali, i polipi corallini.

"La denominazione che si è data il re delle Maldive quale re di 12.000 isole è certo una esagerazione asiatica. La maggior parte di queste terre sono infatti disabitate e non presentano che alberi. Altre sono soltanto mucchi di sabbia che alla prima alta marea vengono ricoperti d'acqua ..." osservava il filosofo tedesco Immanuel Kant, che durante tutta la sua esistenza non lasciò mai Königsberg, ma che nell'opera "Naturwissenschaftlichen Kollegs" espresse un giudizio critico su quella affermazione.

Gli abitanti delle Maldive sono oggi più modesti. Parlano di 26 grandi atolli naturali che furono ricondotti dal punto di vista amministrativo a 19 e contano 1195 isole, delle quali solo 209 abitate. La superficie complessiva di questa nazione sul mare è di 298 metri quadrati, neanche paragonabile alle dimensioni di Monaco.

La grandezza e il numero delle isole non sono valori stabili nella Repubblica dei coralli. Le barriere coralline sono formazioni molto sensibili ed in lenta continua crescita. Per raggiungere un metro di altezza sono necessari fino a cento anni. Si verificano soltanto leggere oscillazioni nell' equilibrio naturale: mentre alcune isole scompaiono, ne nascono altre nuove.

La preistoria degli insediamenti su queste isole è avvolta nel mistero. Secondo una leggenda sono state le donne singalesi ad abitare per prime queste terre. Chiamarono il loro regno "Mahiladipa" - isole delle donne. Da questo nome difficilmente si risale all'odierno "Maldive". Leggende erotiche le avvolgono: si narra che si siano innamorate di navigatori, mercanti, viaggiatori e naufraghi, soprattutto arabi, africani e malesi e che con essi abbiano procreato. I loro discendenti danno un aspetto singolare alla popolazione. I racconti di stati paradisiaci sulle isole sono molto antichi. Il primo diario di viaggio sulle Maldive lo scrisse l'avventuriero viaggiatore marocchino Ibn Battuta, che nel XIV secolo visitò le "Isole sultane" e vi si trattenne per più di un anno: " Dai frutti delle palme si ricavano latte e miele. Da questo nutrimento e dal pesce gli abitanti traggono una forza ed una vitalità sessuale straordinarie. Le prestazioni degli insulani sono eccezionali .... Quando approdano le barche si compiono gli accoppiamenti. Poi i marinai ripartono e lasciano le loro donne: è un rapporto d'amore che dura solo per il tempo in cui i marinai restano sull'isola." Battuta racconta anche che in questi luoghi già nel XII secolo c'era una struttura statale ben organizzata.

Il berbero Abu-ul-Barat, seguace del Corano, convertì il capo buddista e la sua corte all'Islam nel 1153. Con questo avvenimento inizia la descrizione ufficiale della storia delle Maldive. Assieme a Quatar e Oman le Maldive appartengono oggi a quei tre stati della terra che sono interamente mussulmani. Le classi più abbienti hanno tratto beneficio dall'islamizzazione dell'arcipelago in molti modi. Le isole furono inserite nel giro dei commerci con l'Arabia, furono importate merci rare e beni preziosi. La severità del codice legislativo islamico rese più facile governare questi stati e rafforzò il ruolo dell'amministrazione centrale sulla miriade di isole lontane e sparse nell'oceano.

In quegli anni le Maldive riuscivano ancora a procurarsi da sole le 'briciole' dei guadagni derivanti dal commercio mondiale, come in un paese della cuccagna. Sui rami posti in prossimità delle lagune crebbero migliaia di lumache con il guscio colorato, una forma di pagamento di grande valore in Africa, India, Arabia e Asia. Con la fine del commercio degli schiavi lo scambio delle lumache per i pagamenti, come monetamerce, non fu più usato nel commercio mondiale. In tutti questi secoli le Maldive furono sempre uno stato indipendente, anche grazie alla loro posizione geografica. Non furono mai considerate importanti come colonie dal momento che non vi si poteva trovare altro che pesci e copra. I portoghesi si trattennero dal 1558 al 1575 e furono ricacciati dagli abitanti delle Maldive verso Goa, il loro punto di appoggio indiano. Trecento anni dopo le Maldive furono dichiarate dagli Inglesi zona sotto il loro controllo, ma mai si intromisero negli affari interni del governo locale. Nel 1965 le Maldive ottennero l' indipendenza sia politica che economica.

Sulla scia di Hans Hass che negli anni '50 con la sua spedizione "Xarifa" scoprì il meraviglioso mondo degli atolli e delle scogliere coralline, i sommozzatori furono gli antesignani dei primi turisti delle isole. Negli anni settanta, i primi turisti stranieri arrivavano alle Maldive via Colombo. Dopo due ore buone di volo l'aereo a elica atterrava sull'isola di Hulule.

Quattro poliziotti regolavano su questa isola senza macchine il traffico. Il loro unico compito consisteva nel controllare due volte al giorno le quattro strade che si intersecavano sulla pista, in modo che gli abitanti del villaggio o le capre non la attraversassero.

Con i "Dhoni", le barche dei pescatori maldiviani, gli ospiti

venivano portati alle isole Kurumba o Bandos. Erano le prime isole disabitate sul cui terreno sabbioso furono costruiti semplici bungalows. A questo scopo si dovette importare veramente di tutto: chiodi, viti, rubinetti dell'acqua, singoli pezzi di lamiera ondulata, lavandini, tazze per la toilette, lattine di birra, vino, carta da lettere per turisti europei.

Ricercatori ed abili pionieri di vie alternative attirarono l'attenzione del turismo internazionale su queste 'isolette da sogno' coperte di palme cadenti, ricche di litorali, di spiaggie bianchissime e di lagune blu. Sempre più numerosi furono gli amanti del sole, i sub ed i sommozzatori che da ogni parte del mondo arrivarono a queste isole, animati dal desiderio di un mondo lontano e appartato dalla civiltà.

La tranquilla Repubblica dei coralli rimase inizialmente attonita difronte a questa invasione. Gli abitanti, che per secoli erano rimasti totalmente isolati dal mondo vivendo di pesca e noci di cocco, conobbero improvvisamente la realtà esigente e supertecnicizzata del XX secolo, nonchè il turismo di massa.

In modo astuto ed intelligente impararono presto a sfruttare le loro bellezze naturali come fonte di guadagno. Mare, sole, scogliere coralline e isole. Oggi il dollaro americano riempie le casse del paese. Il governo, dal 1965 una repubblica islamica indipendente, ha fatto del turismo, sin dall'inizio, un punto di forza delle Maldive tenendo ben strette nelle sue mani le redini che lo guidano. Tutte le isole sono proprietà dello Stato, non si possono vendere. Gli stranieri che investono nel settore alberghiero vengono accettati solo per un periodo di tempo limitato. Alla scadenza del contratto d'affitto le costruzioni alberghiere e le attrezzature turistiche ritornano di proprietà del governo maldiviano. Questa ambiziosa giovane nazione vuole rimanere padrona dei propri territori e cerca possibilmente di gestire tutto il settore del turismo da sola. Gli abitanti di queste isole sono persone aperte e tolleranti che imparano velocemente da situazioni ed esperienze nuove tirando, se necessario, le opportune conclusioni.

In soli dieci anni le Maldive si sono allineate allo standard di vita del XX secolo. Nel 1972 il primo albergo, nel 1977 traffico di aerei a reazione e telefono via satellite, nel 1978 televisione a colori. Dal 1976 al 1981, gli anni del boom dello sviluppo turistico, l'isola di Hulule è stata trasformata in una pista di atterraggio per grossi jet. Essa è divenuta il crocevia aereo dell'oceano Indiano.

Gli atolli delle Maldive, che visti dall'alto appaiono come sogni galleggianti, diventarono nel 1981 il paradiso dei charter, distante solo 10 ore di volo dalle capitali europee e asiatiche. La maggioranza degli amanti del sole, dei sub e dei surfisti è rappresentata dagli italiani alla ricerca di esotismo, seguiti da tedeschi, inglesi, svizzeri, scandinavi, francesi, australiani, giapponesi e cinesi.

"Tourist Resort": la definizione data dal vocabolario è "luogo di rifugio e riposo", così vengono chiamate più di ottanta isole, su ognuna delle quali è stato costruito un complesso alberghiero, composto per la maggior parte da bungalow. Questo significa: una reception, un ristorante, un bar, bungalow per gli ospiti e quasi sempre una scuola di surf e immersione.

I primi turisti erano esploratori armati di spirito d'avventura e gusto per l'imprevisto, che sapevano apprezzare i resort semplici e naturali, dove non erano necessarie né scarpe né vestiti eleganti.

La grandezza delle isole non si misura dalla dimensione, la maggior parte infatti sono percorribili in pochi minuti, ma dal numero di letti. Gli impianti di desalinazione dell'acqua marina hanno permesso di superare il problema della mancanza di acqua dolce e di aumentare così il numero di posti letto, grazie anche ai bungalow costruiti sull'acqua. Un paradiso che diventa sempre più affollato.

Per questo motivo i resort vengono adattati ai desideri degli ospiti e molti vengono trasformati in alberghi internazionali a 5 stelle. Bungalow climatizzati, ristoranti particolari, bar, idromassaggio, piscina di acqua dolce, campi da tennis illuminati, centri e oasi di benessere, palestre, centri congresso con accesso internet, scuole di vela, surf e sub, sono ormai diventati uno standard. Il primo campo da golf su Kuredu è rimasto un eccezione.

Salvo alcune eccezioni, gli indigeni ed i turisti fanno vita a sè, ognuno sulla sua isola. I turisti hanno occasione di entrare in contatto soltanto con gli indigeni che lavorano

nello staff del personale maschile dell'hotel o nell' equipaggio delle barche. I rapporti di amicizia tra popoli diversi come ai tempi di Battuta, che raccontava con entusiasmo dei piaceri legati agli amplessi con le donne del luogo, non sono più possibili oggi ed anche se sarebbero un incentivo per il turismo, non sono visti di buon occhio dal severo stato musulmano e sono puniti con sanzioni molto pesanti. Del consistente numero di divorzi, il più alto del mondo secondo l'UNESCO, si preoccupano i maldiviani stessi.

Il paradiso di questo libro illustrato si divide nettamente in tre regioni e in tre zone. Da un lato ci sono le isole dei turisti, dall'altro l'unica città, Male, che dà il nome all'isola stessa, da sempre centro economico e culturale delle Maldive, e poi vi è il resto dell'arcipelago.

Lo stile di vita - di chiaro stampo occidentale - nelle enclavi dei turisti portatori di soldi e l'alto standard di vita dell'antica borghesia nella città di Male, la metropoli del potere, basata su un sistema patriarcale di stampo autocratico orientale, non hanno niente in comune con il resto dell'arcipelago, nel quale la maggioranza della popolazione vive su isole lontane e isolate distribuita su oltre 19 atolli. La vita in queste comunità-villaggio autarchiche e autosufficienti è tranquilla, monotona e rigidamente ordinata. Gli uomini, se non lavorano nei complessi alberghieri, si dedicano prevalentemente alla pesca e, con grande fatica, si procurano il pesce, importante prodotto alimentare, l'articolo più esportato della Repubblica delle Maldive. Il contatto con le isole più lontane e col mondo esterno era fino a poco tempo fa quasi inesistente. Ora le cose sono cambiate. Quasi tutti i maldiviani hanno un cellulare e tutte le comunità-villaggio ricevono i programmi televisivi tramite satellite. Le "soap opera" made in Maldive e le notizie dal mondo esterno affascinano gli spettatori. Il governo ha deciso di aprire al turismo altre undici isole, sparse fra tutti gli atolli.

Ibn Battuta già cent'anni prima della comparsa sul palcoscenico letterario dell'eroe Robinson Crusoe, si augurava di essere condannato a vivere in paradiso su una delle numerose isole dell' arcipelago delle Maldive: "Noi toccammo terra su di un isolotto che aveva solamente una casa. Vi abitava un tessitore con una donna e dei bambini. Con una barca scivolò verso la zona di pesca o verso una delle isole vicine. Alberi di banane e palme di cocco erano a sua disposizione. Per Dio, invidio questo uomo, avrei desiderato che l' isola mi appartenesse, così avrei potuto ritirarmi completamente e aspettare qui le mie ultime ore".

"Ritorno alla natura, magari su un' isola solitaria." Questo sogno fu realizzato agli inizi degli anni ottanta da un tour operator tedesco. "Soggiorno Robinson - un' isola solo per voi oppure una proposta di viaggio con niente incluso." Venivano offerti il volo e la barca per il trasporto verso un' isola disabitata. Equipaggiato di sole provviste, con il libro per la sopravvivenza della marina americana ed una lenza per pescare, l'uomo civilizzato alla ricerca di un angolo di paradiso, poteva trasformarsi da una a tre settimane in 'uomo primitivo'. Ma i novelli Robinson fallirono davanti a troppa incontaminata natura, alla repulsione verso l'isola o ai pescatori che, per pietà, volevano salvarli da una esistenza solitaria; poiché la peggiore punizione alle Maldive é ancor oggi l'esilio in un' isola straniera. Le isole di Robinson furono escluse per sempre dai programmi dei tour operators.

Una recente variante sono le escursioni giornaliere con grossi elicotteri da trasporto per un picnic alla "Robinson Crusoe" nell'atollo di Ari. Accompagnati da una guida, 'venticinque Robinson' si dividono un' isola disabitata e una colazione al sacco sulla spiaggia, per due ore.

Il modo migliore per visitare gli atolli delle Maldive è secondo me con una barcasafari. Queste sono Dhoni dotati di pochi comfort ma equipaggiati con l'essenziale per i viaggi più lunghi. Chi naviga attraverso l' arcipelago delle Maldive su queste barche e nell' infinita vastità del mare scorge all'improvviso un' isola all'orizzonte, crede di aver raggiunto lo scopo dei suoi sogni.

Isole, minuscoli isolotti, come gli atolli delle Maldive, risvegliano da sempre il sentimento romantico di una gioia indisturbata, di una esistenza privilegiata che non conosce le angosce della civiltà. Nessuna convulsa vita quotidiana, nessun senso di estraniamento nel lavoro di tutti i giorni. Mai più, così si sogna, si diventerà schiavi dei propri bisogni.

Marion Friedel

VITA SULL'ISOLA

Un pescatore sulla tradizionale amaca

Pesce essiccato

Con le foglie di palma vengono fatte le coperture per i tetti degli alberghi di lusso

Flotta di pescherecci su Kulhudhufushi

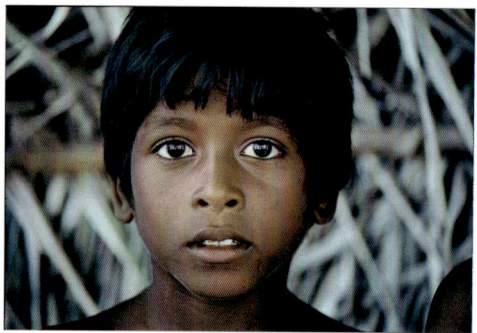
Obbligo scolastico in tutte le isole

Pulizia della spiaggia a Nolhivaramu

Tempi moderni a Nolhivaramu    Al di fuori del terreno della famiglia, circondato da mura, vi è più spazio per intrecciare le copertura dei tetti

I vasi vengono sfregati con sabbia di corallo fine. Le cornacchie dell'isola di Nolhivaramu mangiano i resti

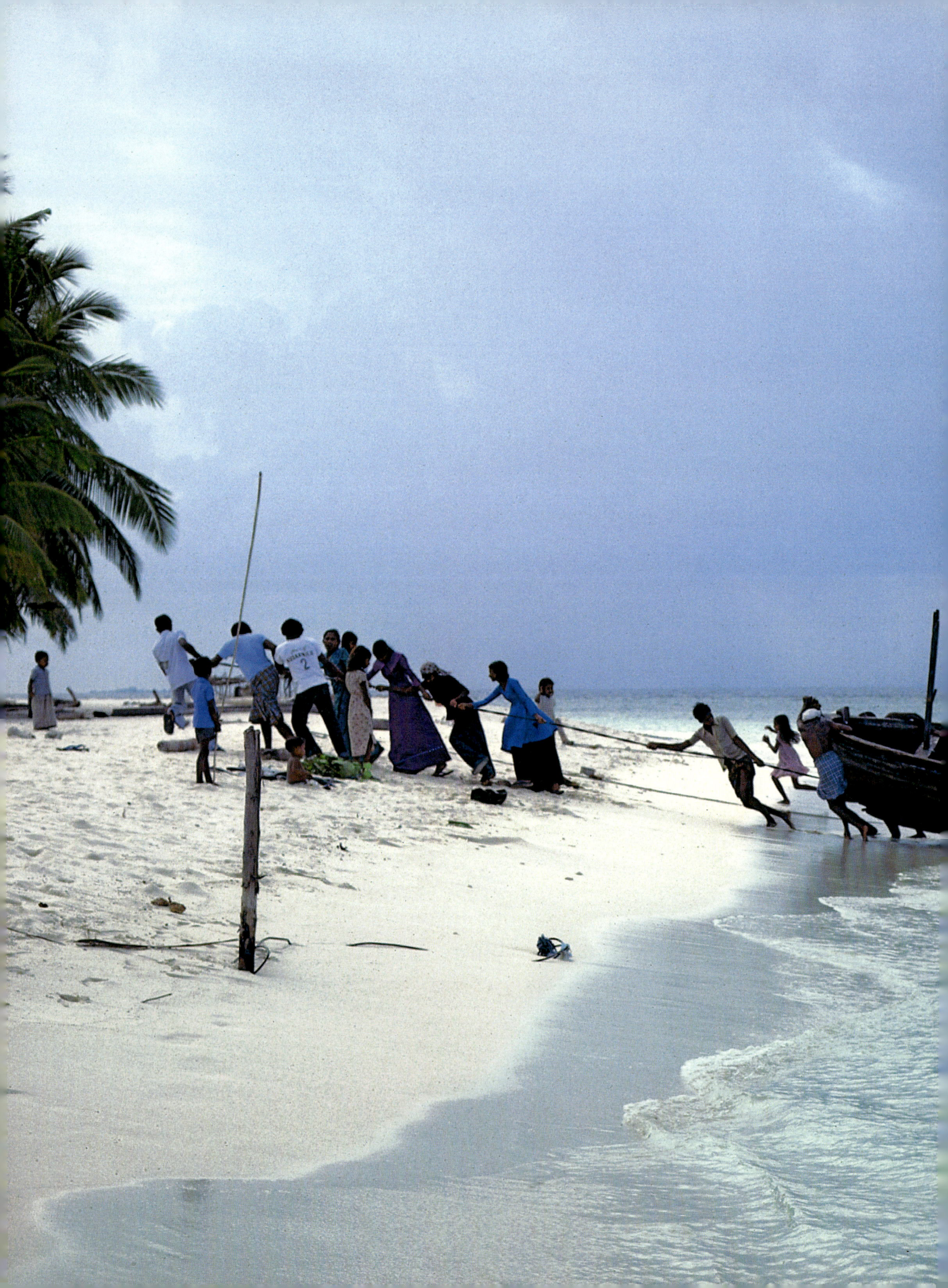

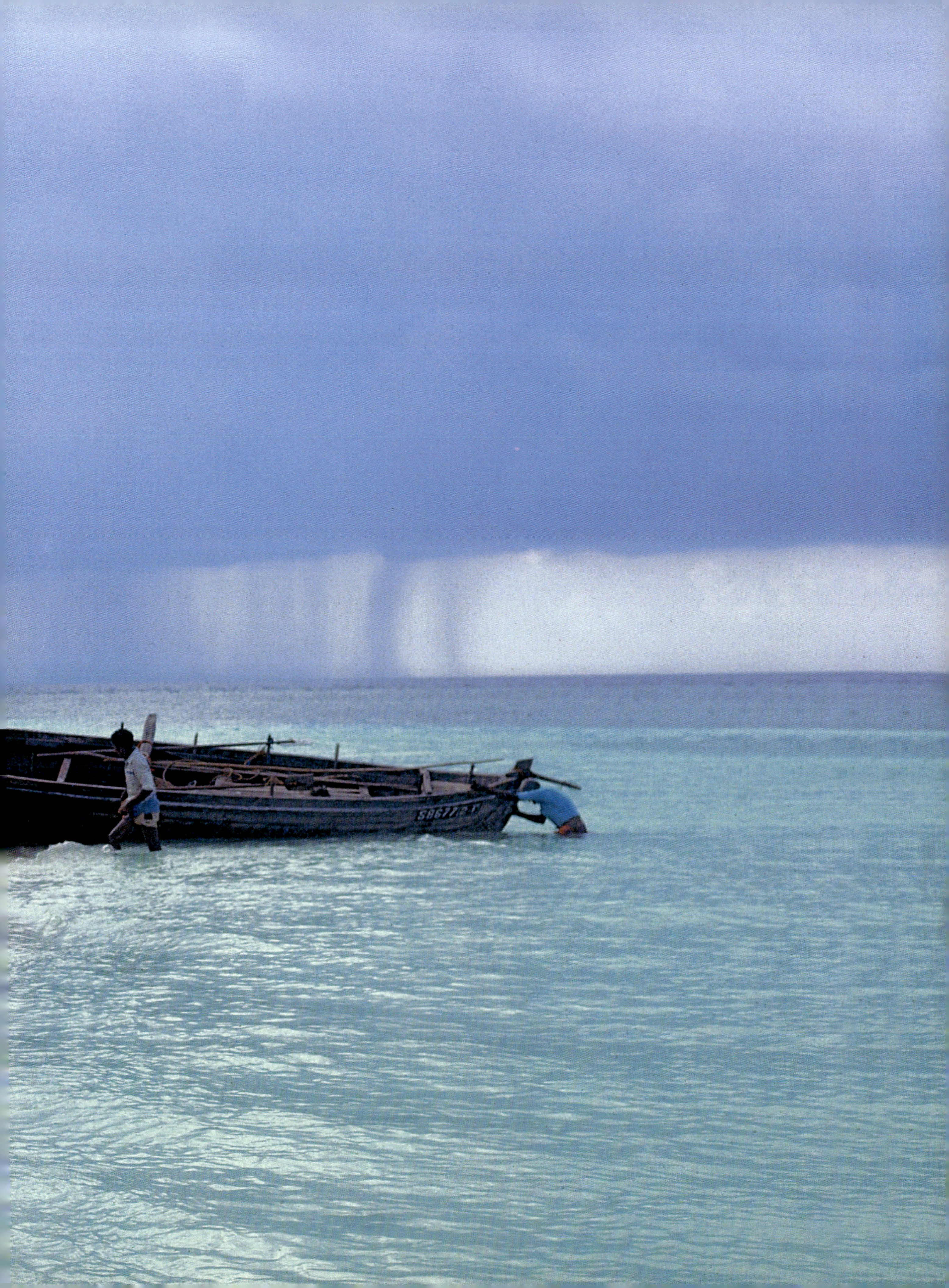

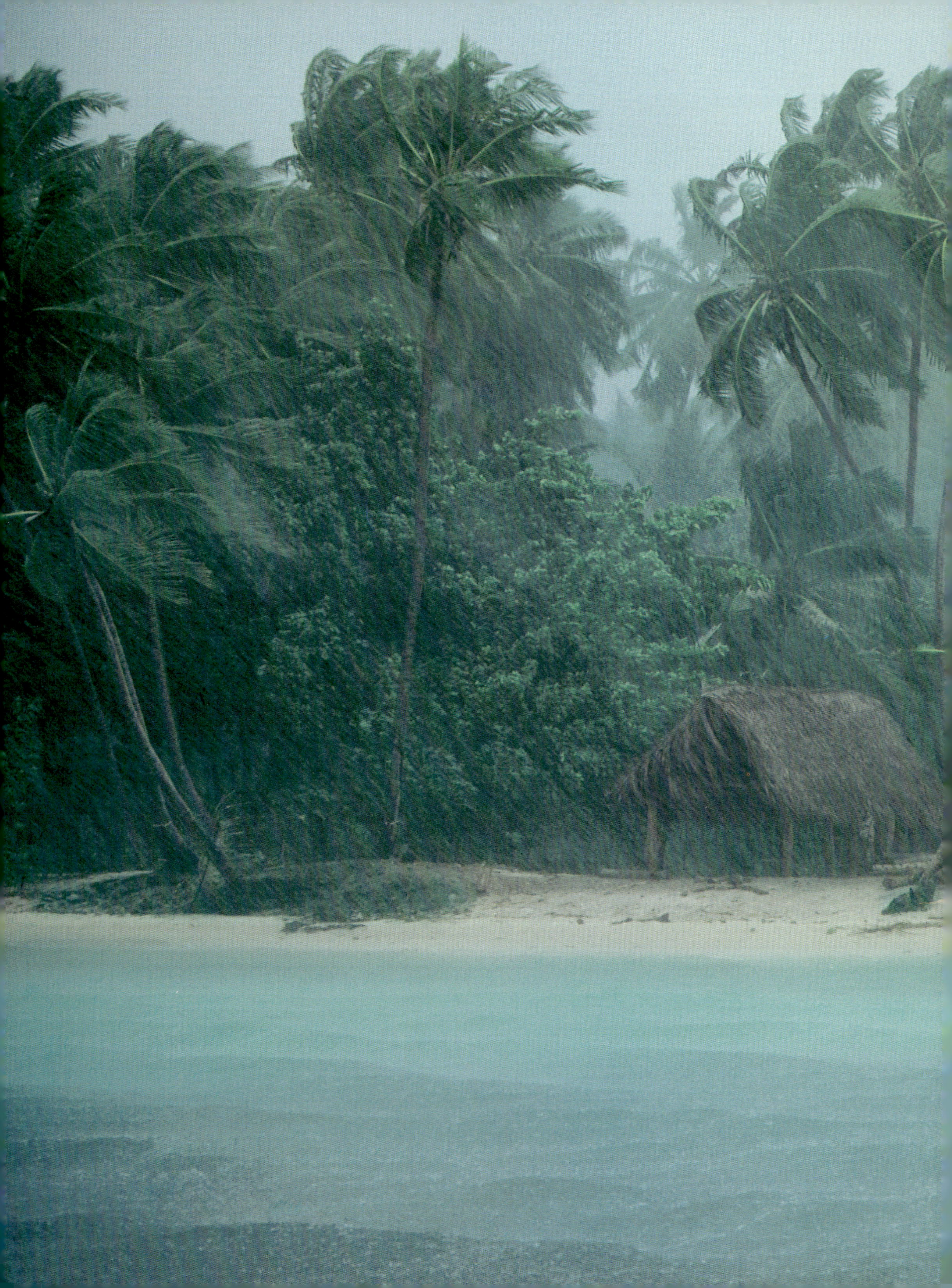

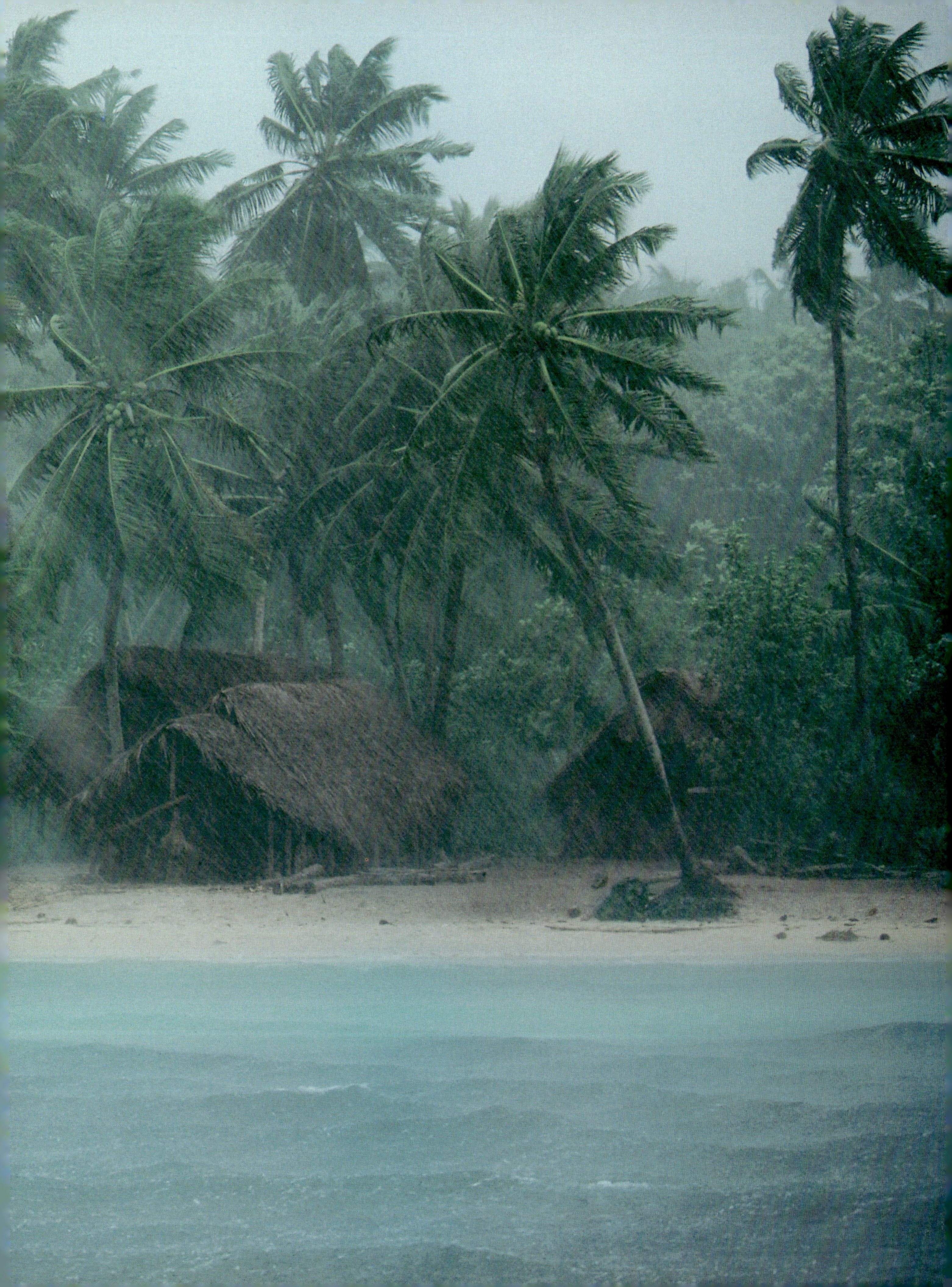

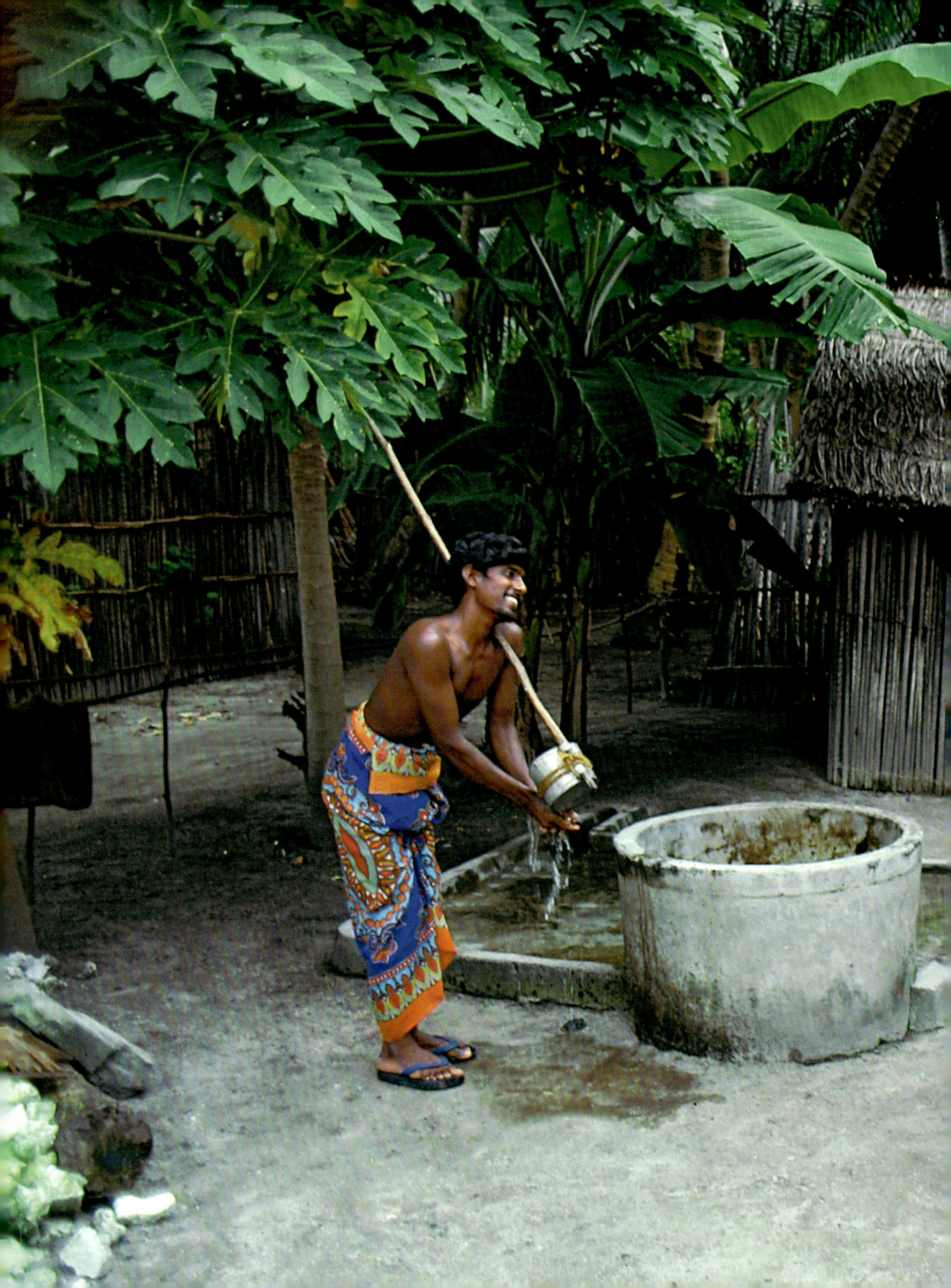

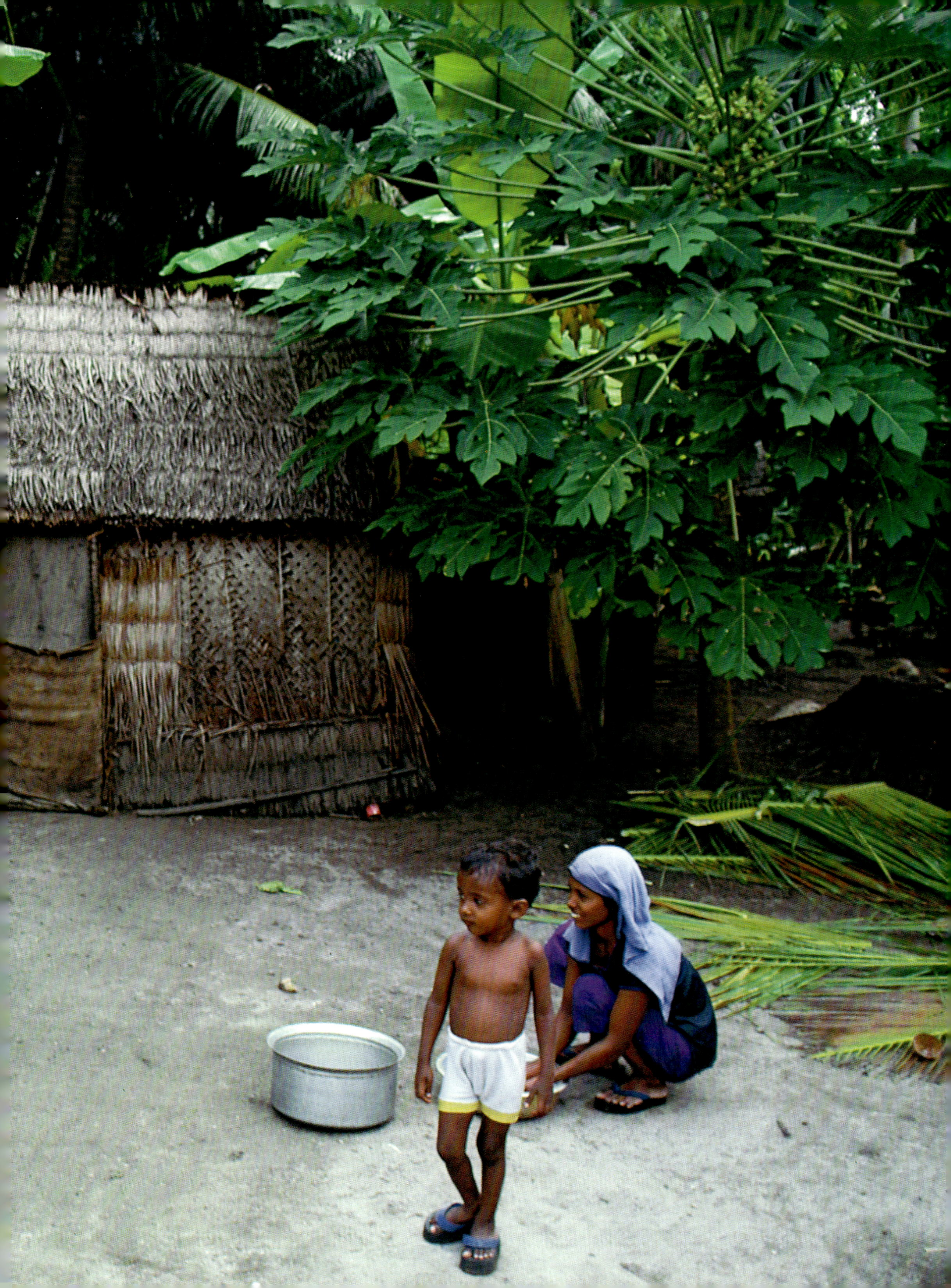

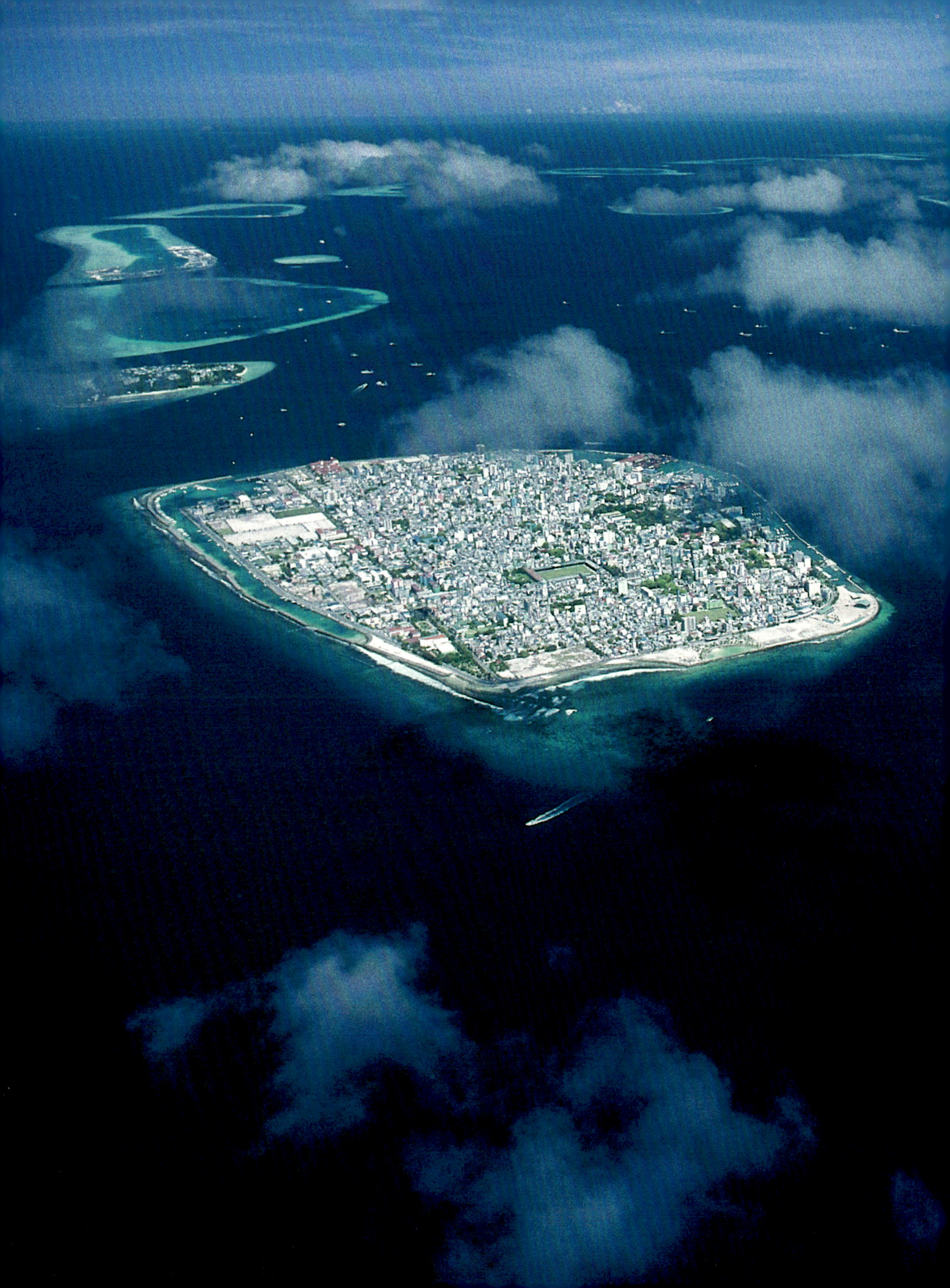

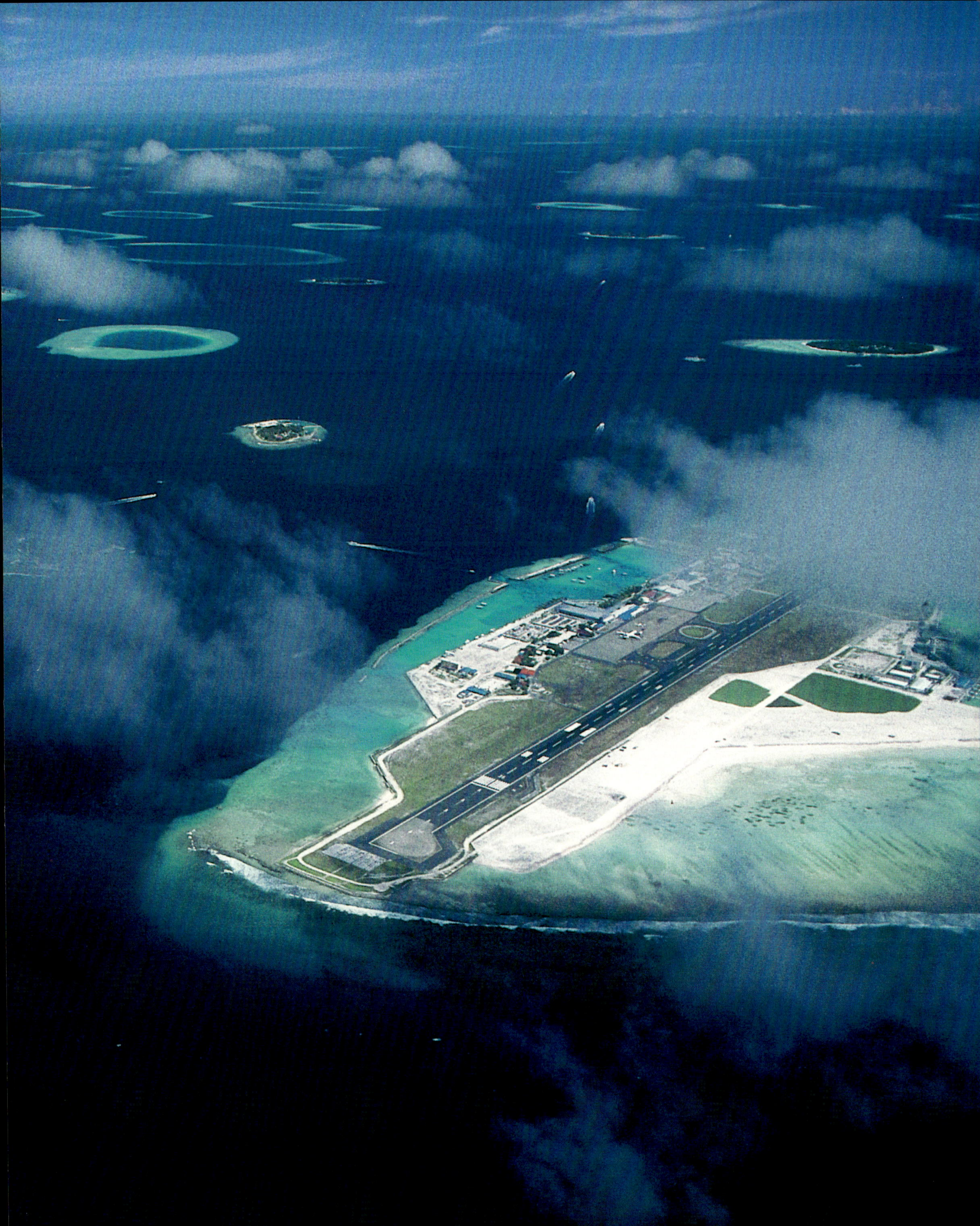

MALE OGGI

I tradizionali carri da trasporto

Pesce fresco di giornata

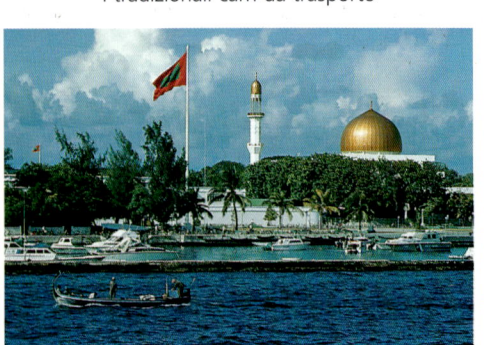

La grande moschea di Male

Pausa sigaretta davanti al mercato del pesce

Male – tutto quello di cui le isole hanno bisogno

Pesce fresco

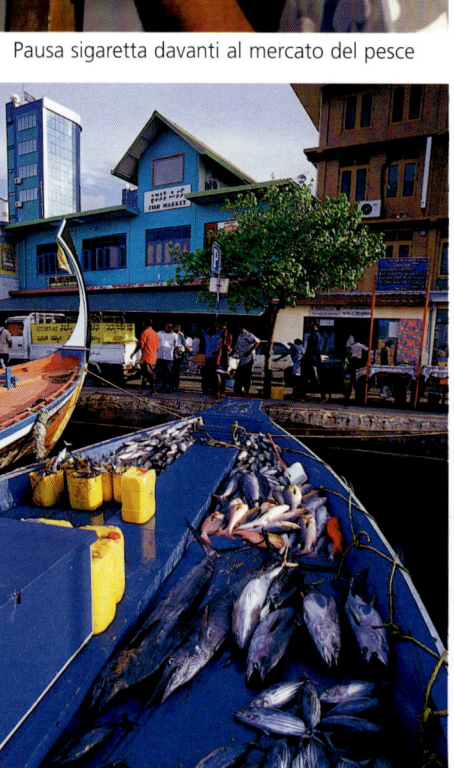

Il mercato centrale di Male

Attracco per la notte

44

Boduthakurufaanu Magu, la Marine Drive . All'altezza del pontile presidenziale vi è il nodo stradale di Male per il collegamento con le altre isole

Mercato centrale di Male

Moderno servizio di consegna

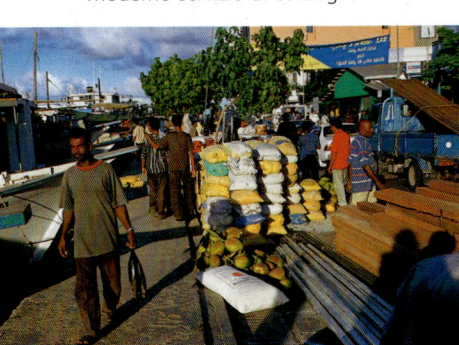

Materiale edilizio per le isole

L'alimento base : il tonno

MALE 1973

Isola di Bandos – i primi camerieri

Isola aeroporto Hulule – la prima pista

Aeroporto internazionale per aerei a elica provenienti da Colombo

Serviceteam

Il porto dove attraccano i dhoni a Male, metropoli-isola e centro commerciale delle Maldive

La capitale Male senza problemi di traffico – le automobili e i turisti sono ancora una rarità

Male, il centro delle Maldive, prima che cominciasse il suo veloce sviluppo

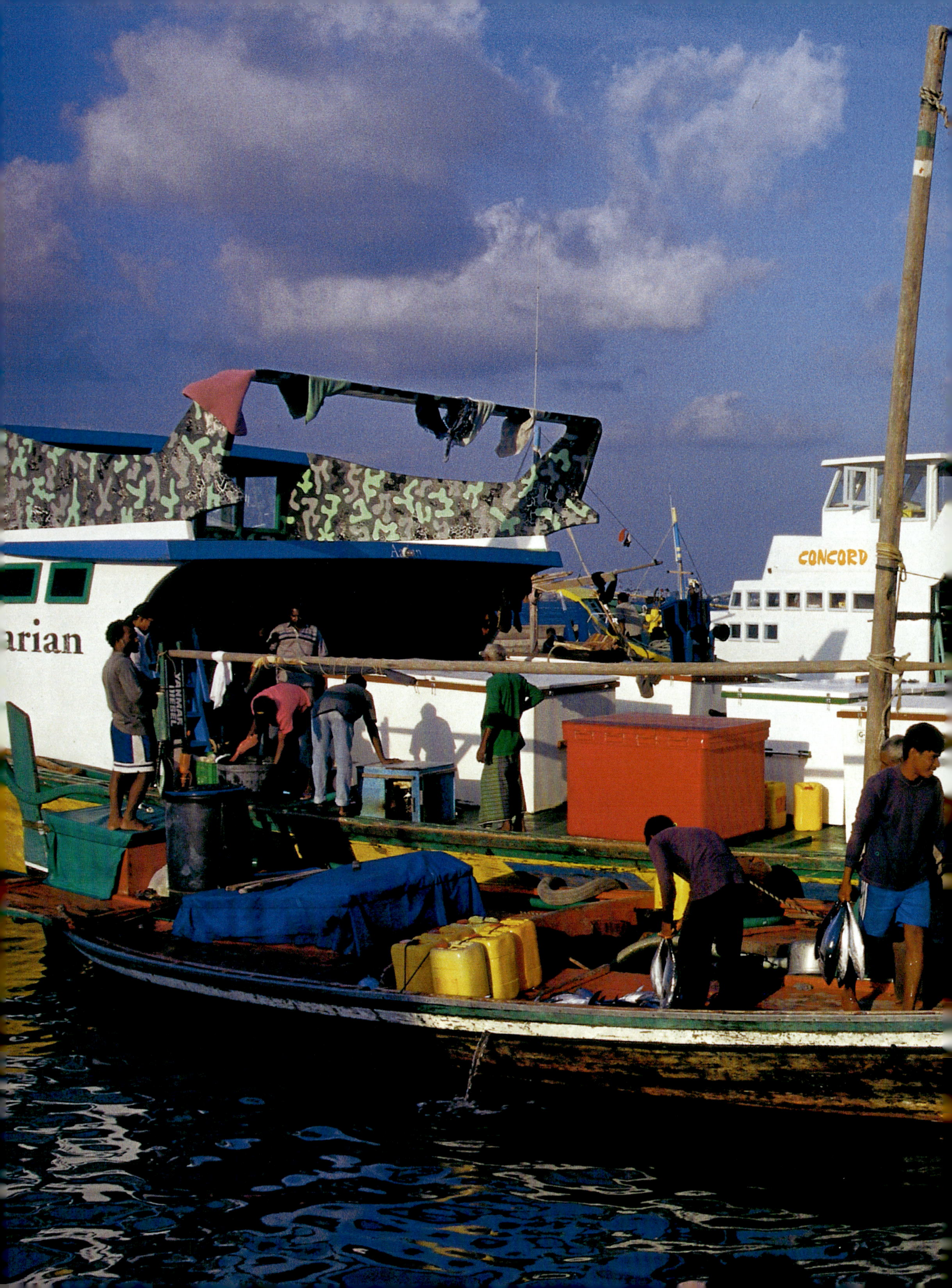
arian
CONCORD

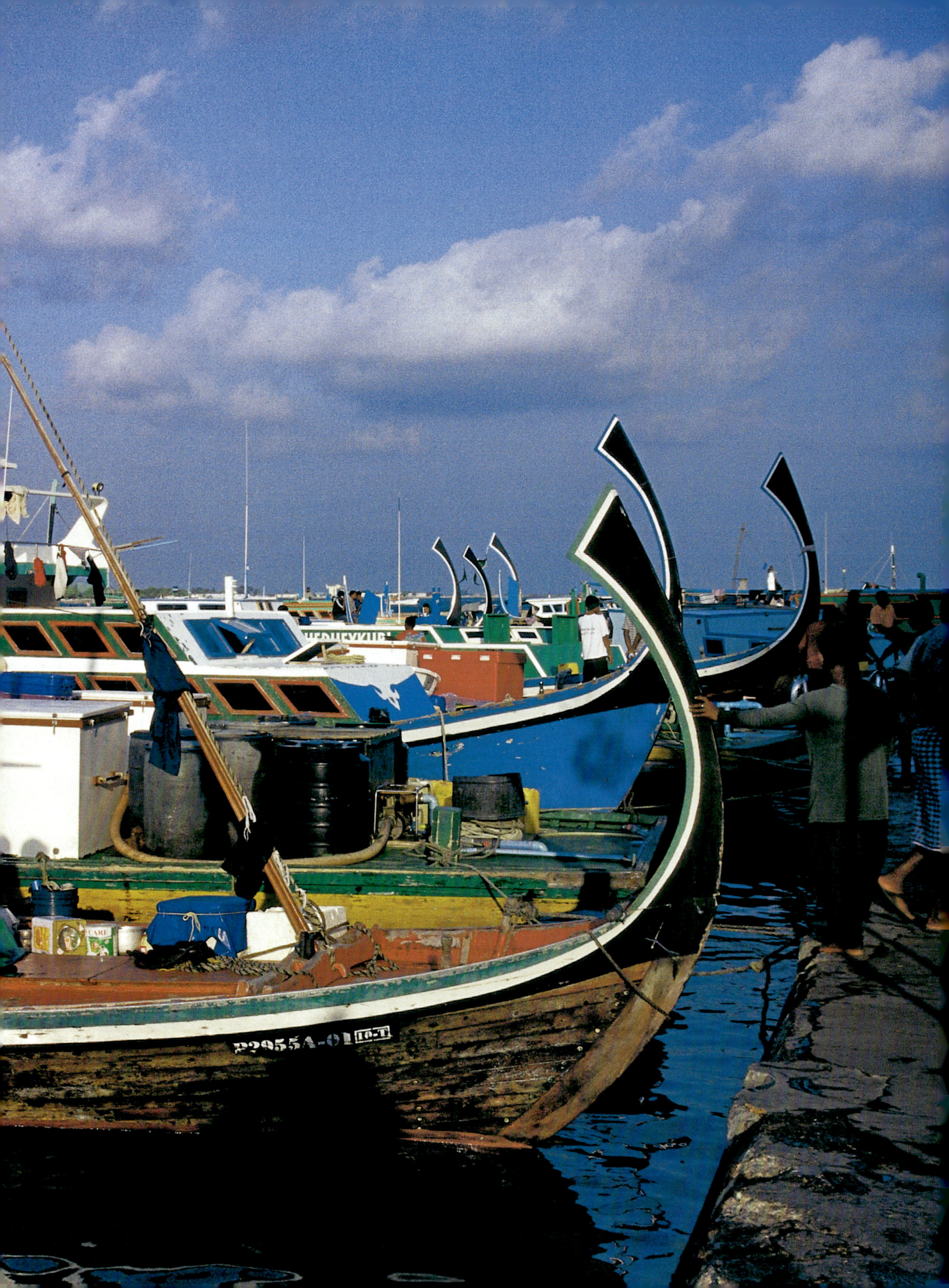
P2955A-01
10-T

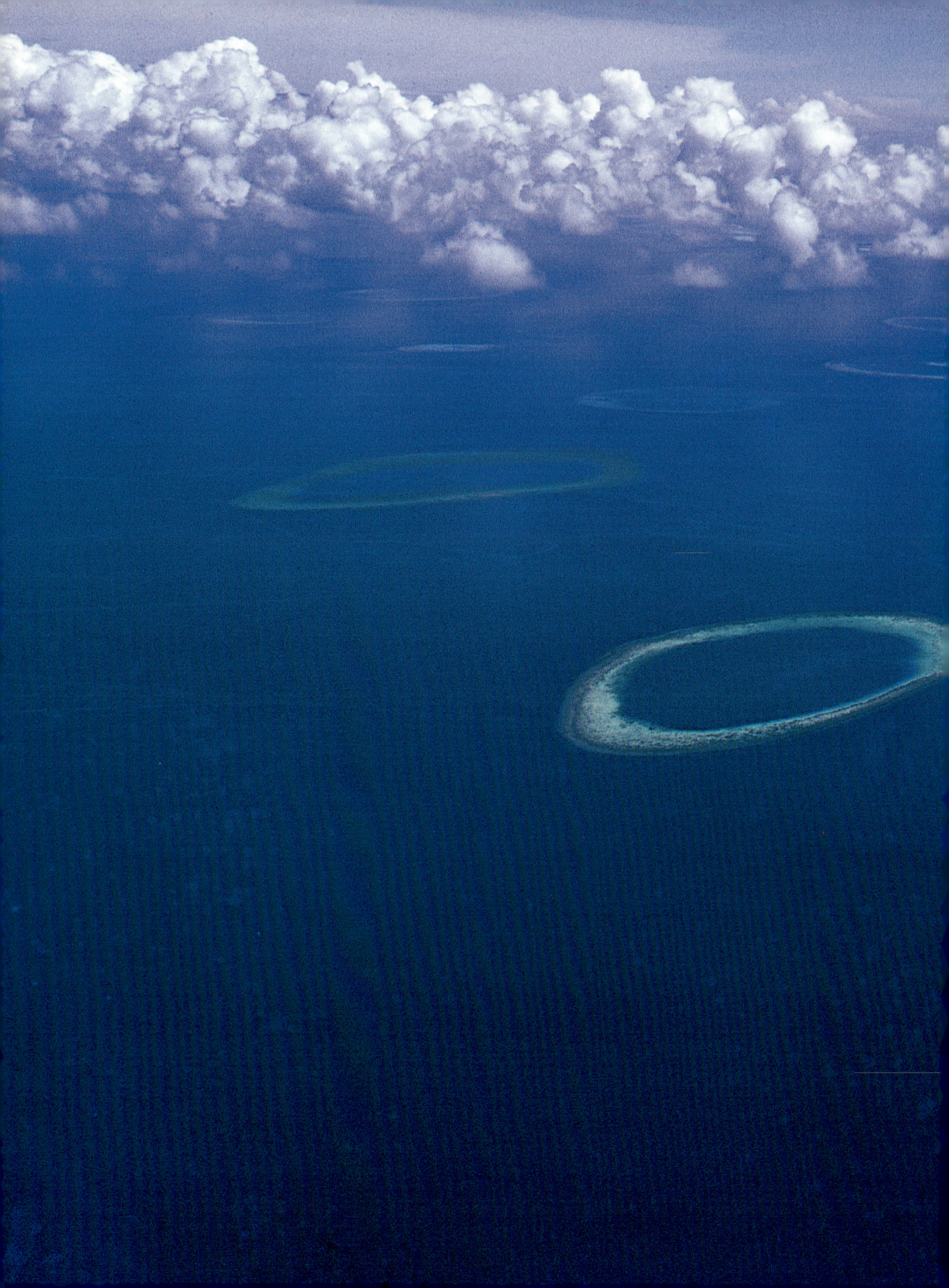

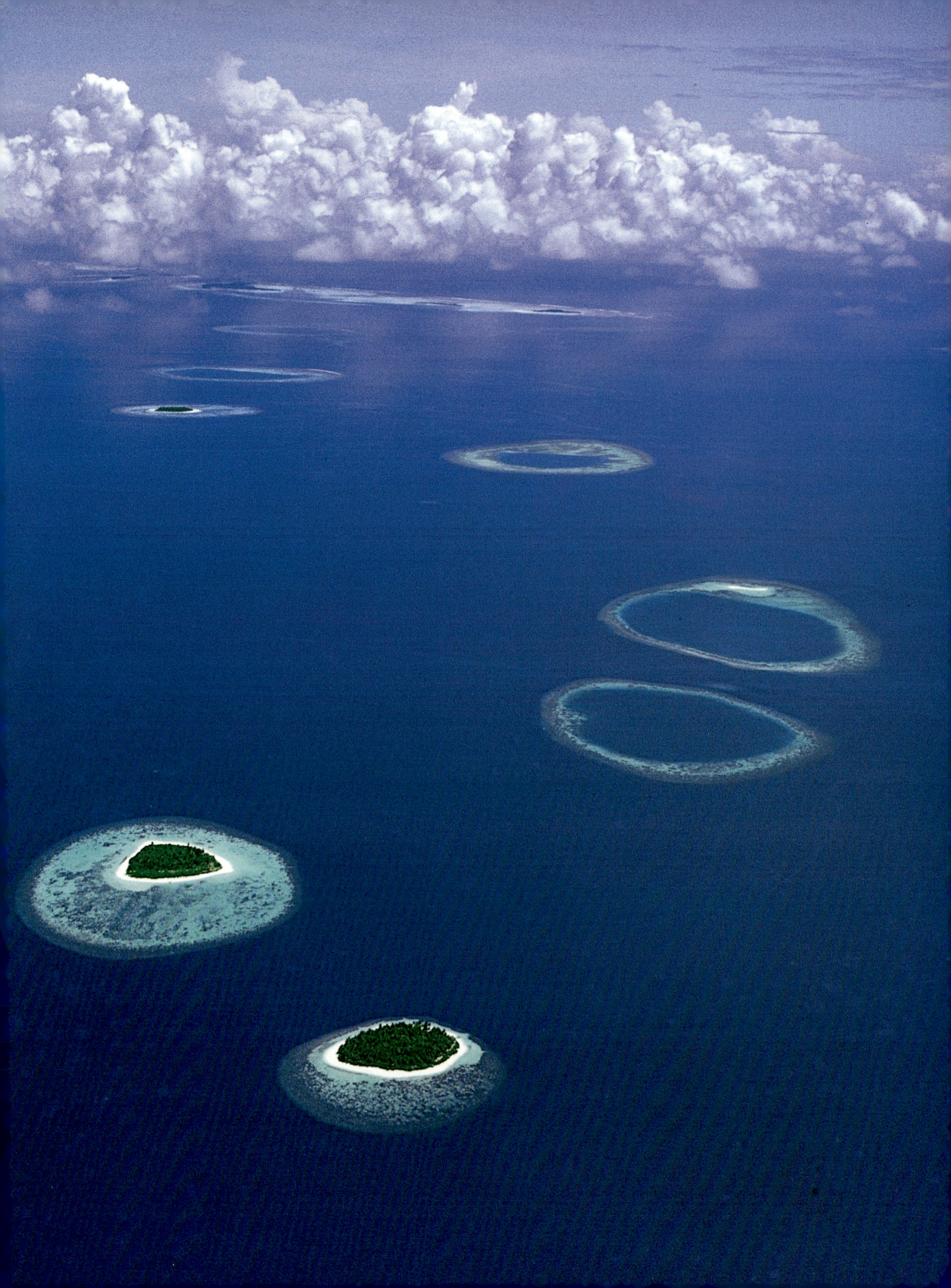

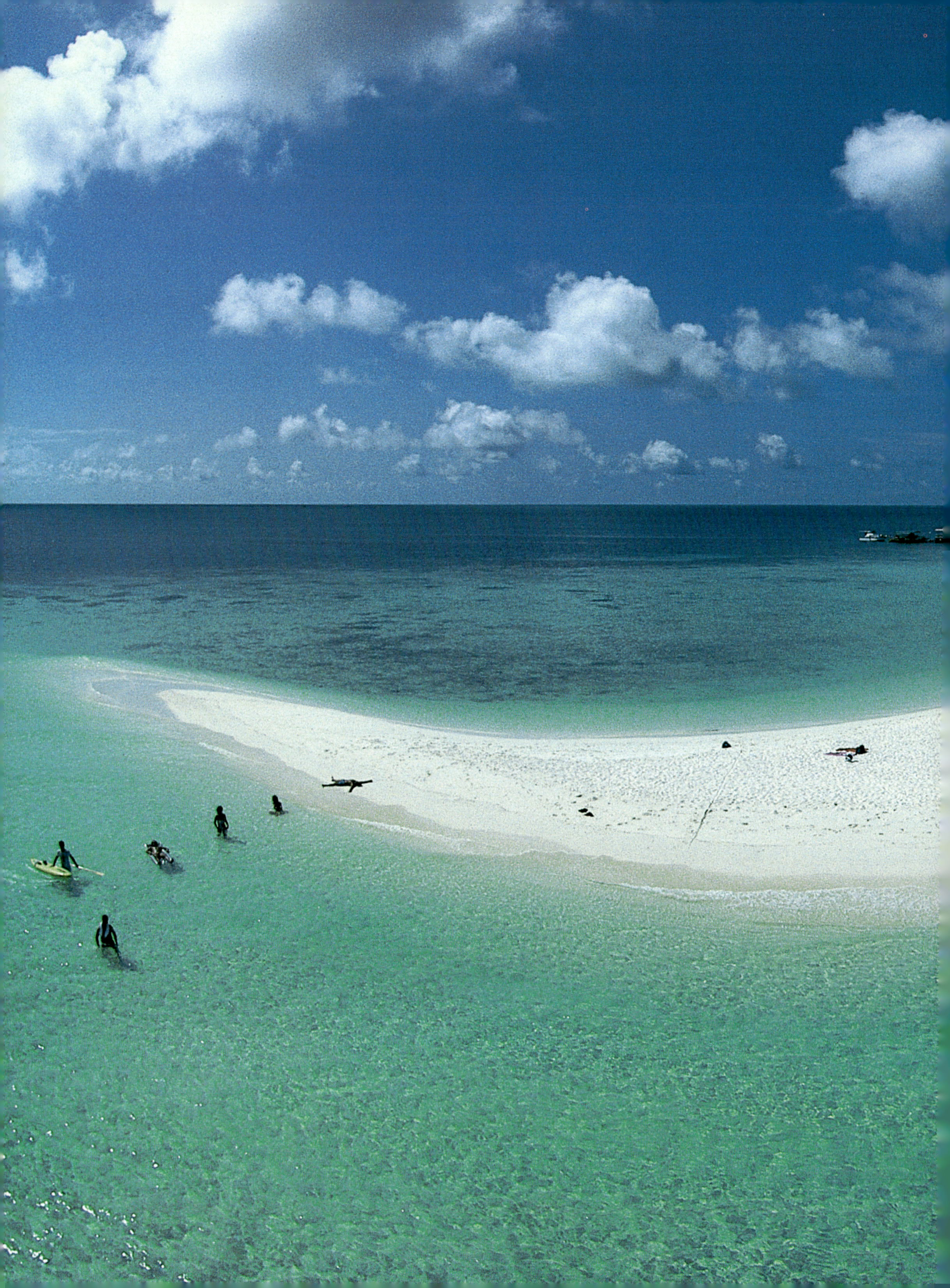

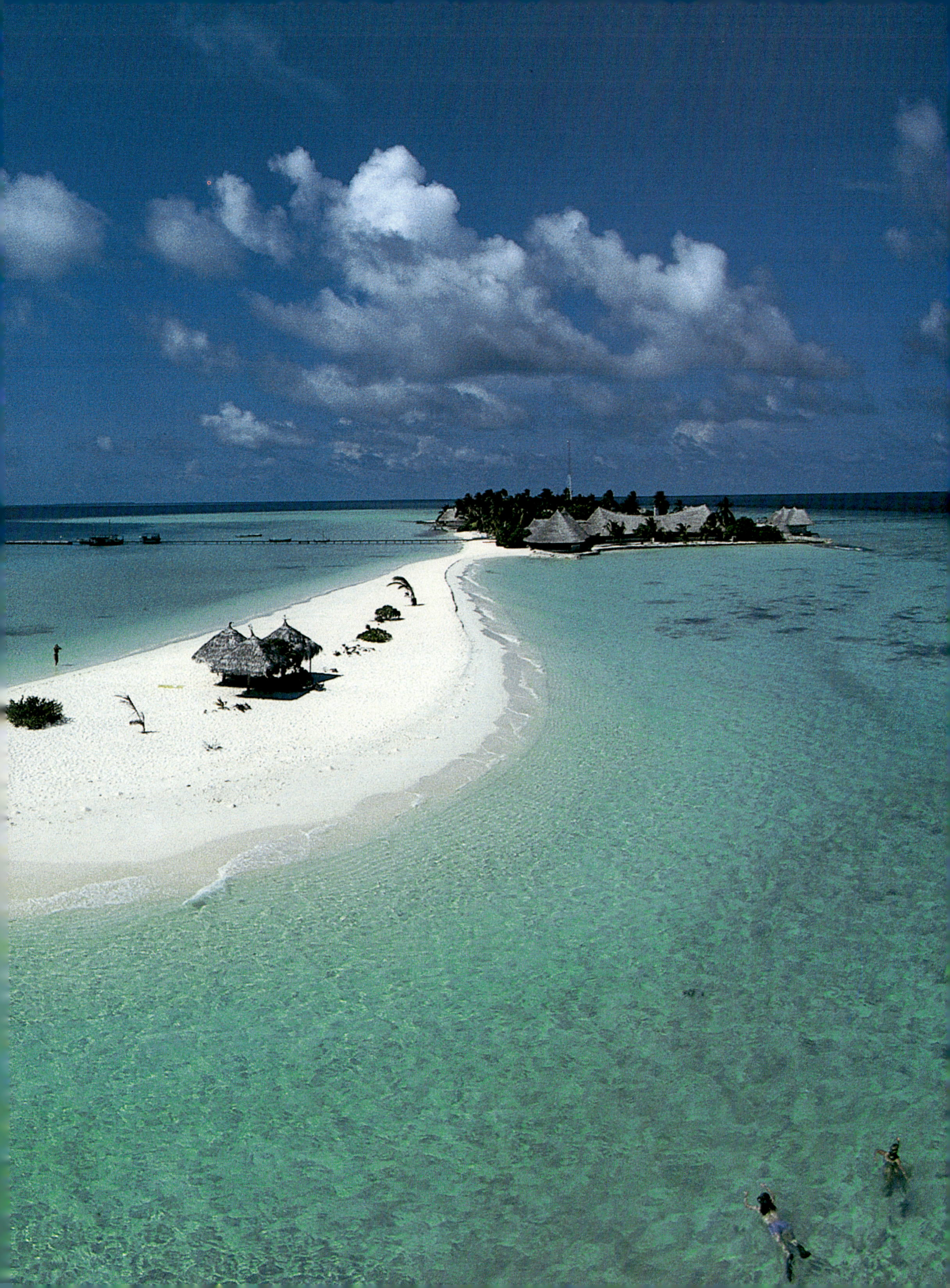

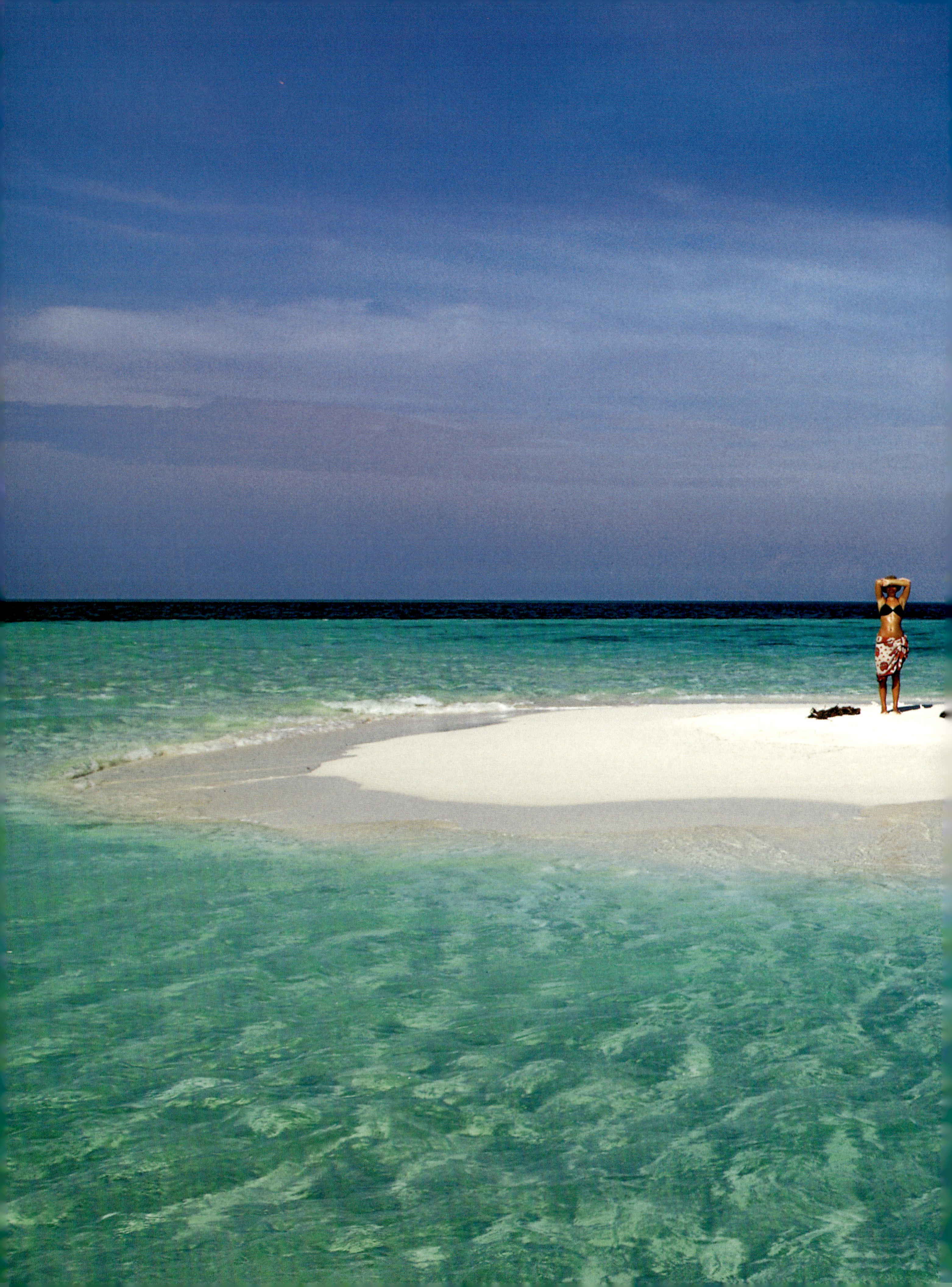

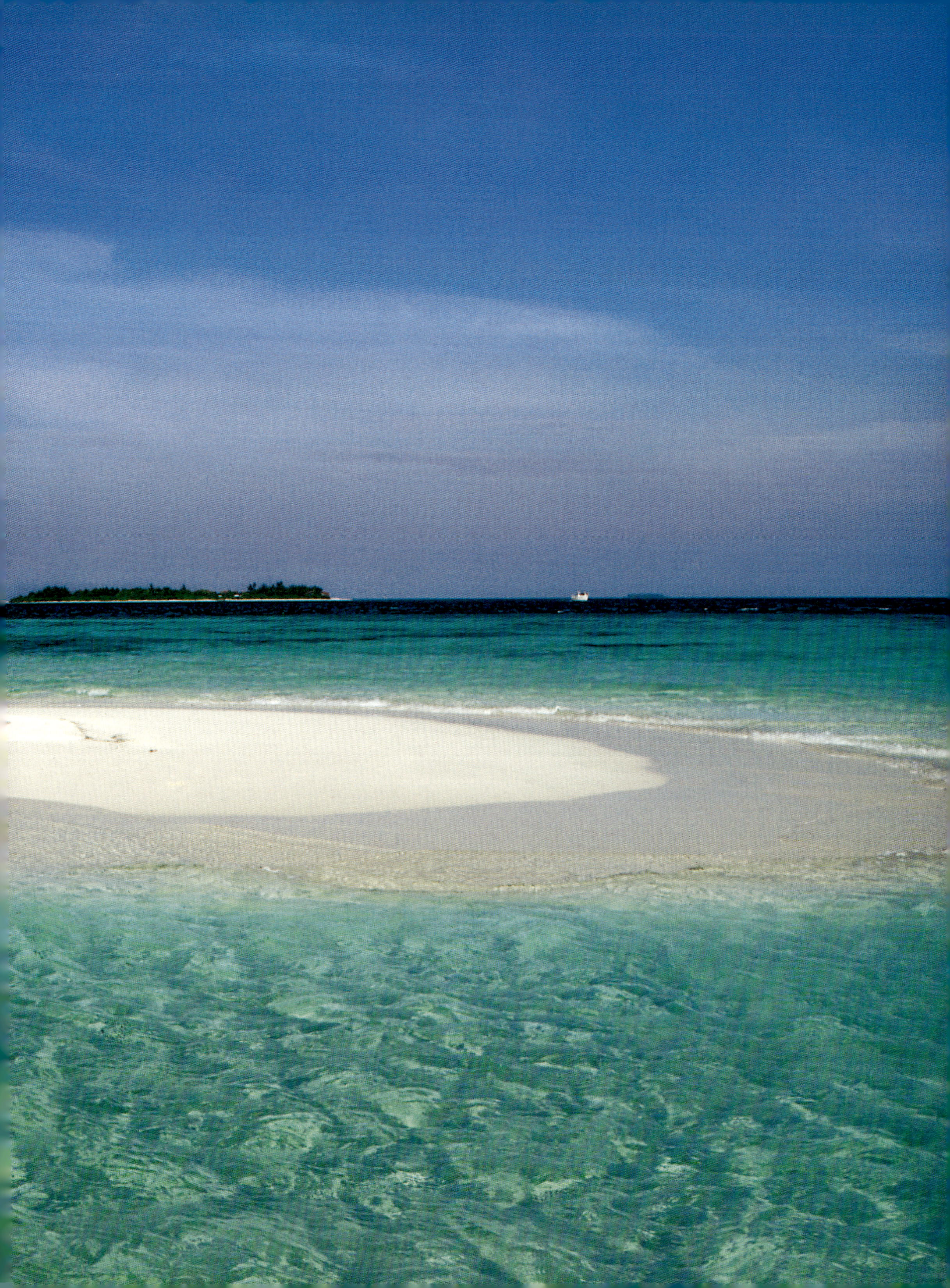

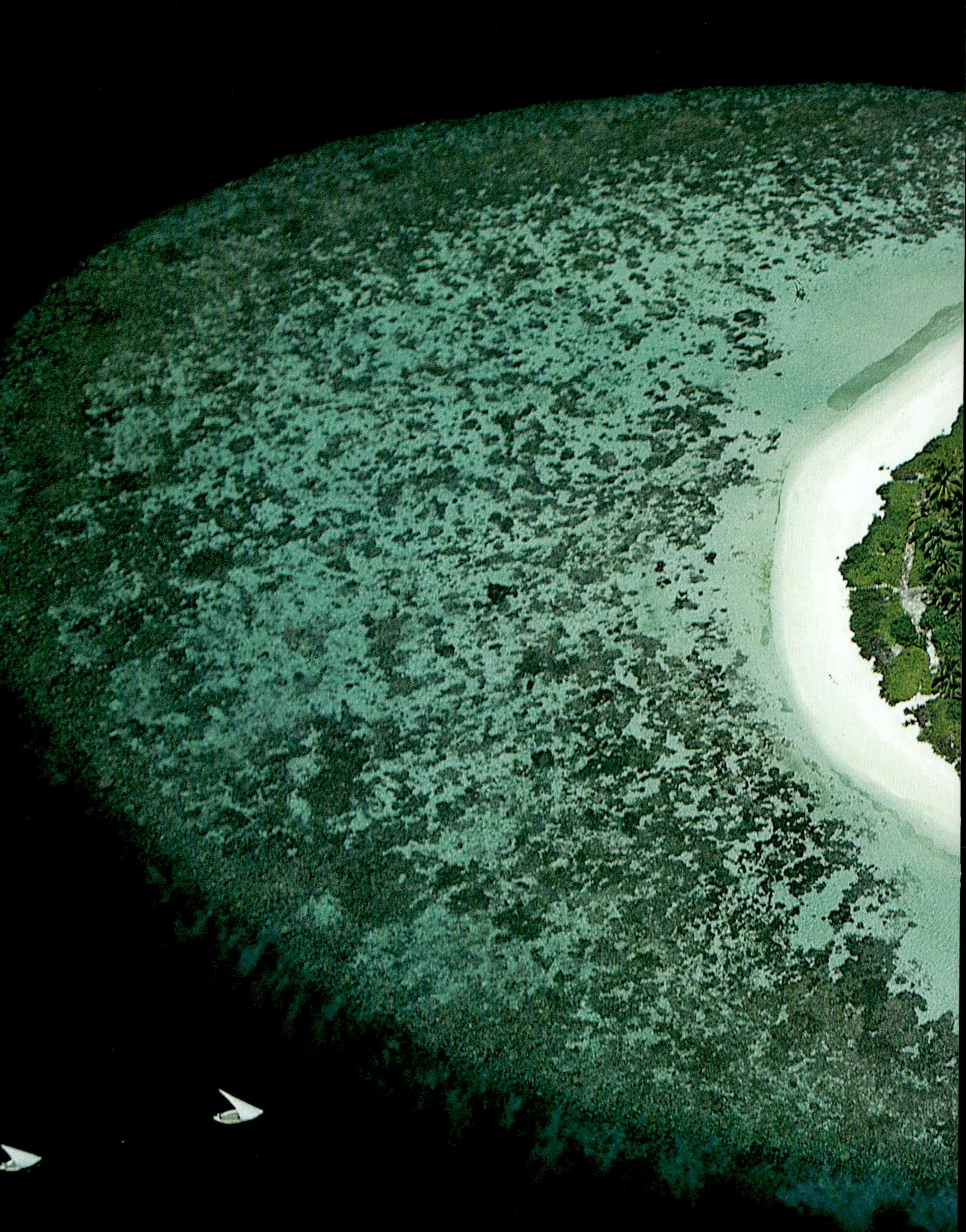

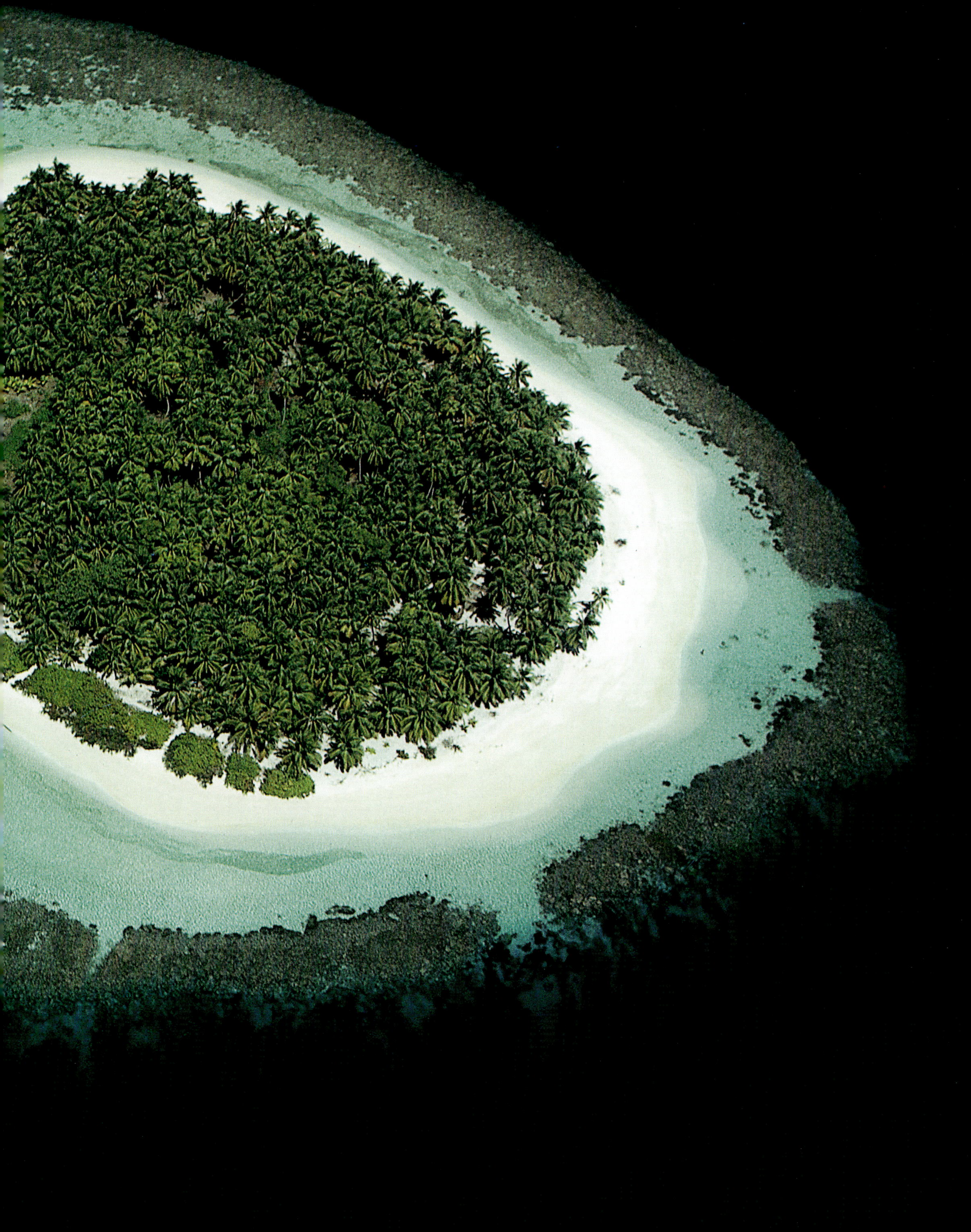

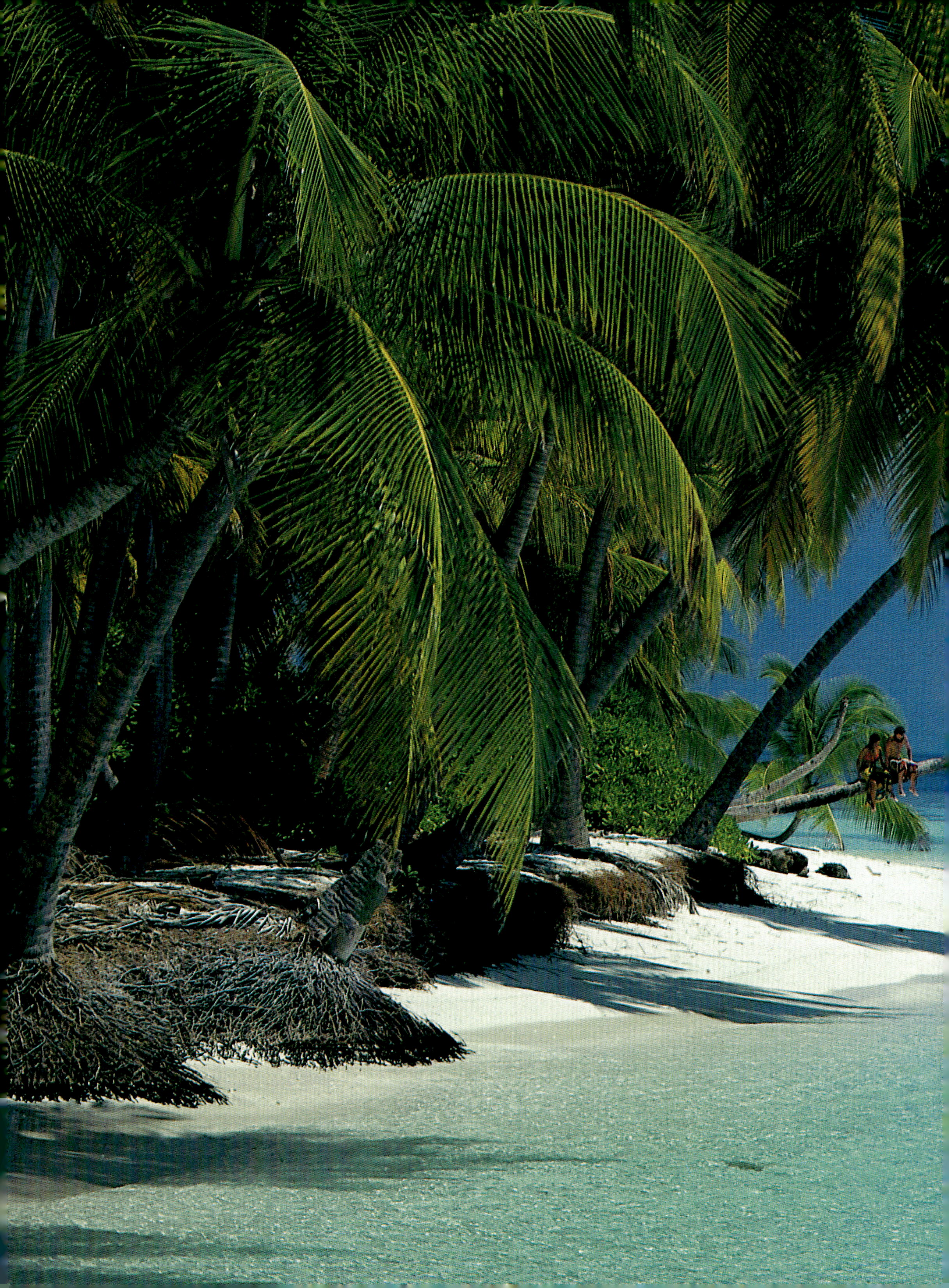

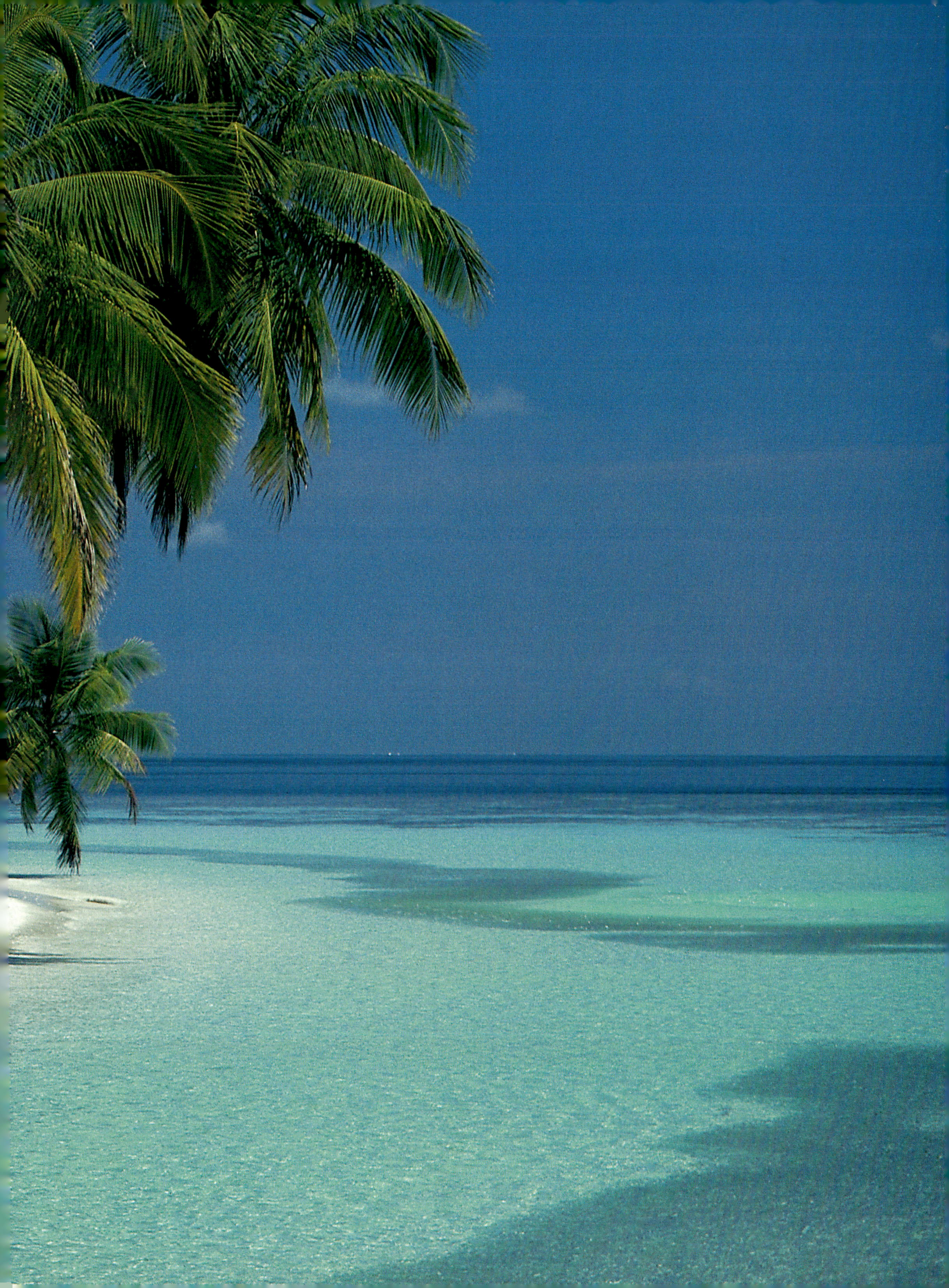

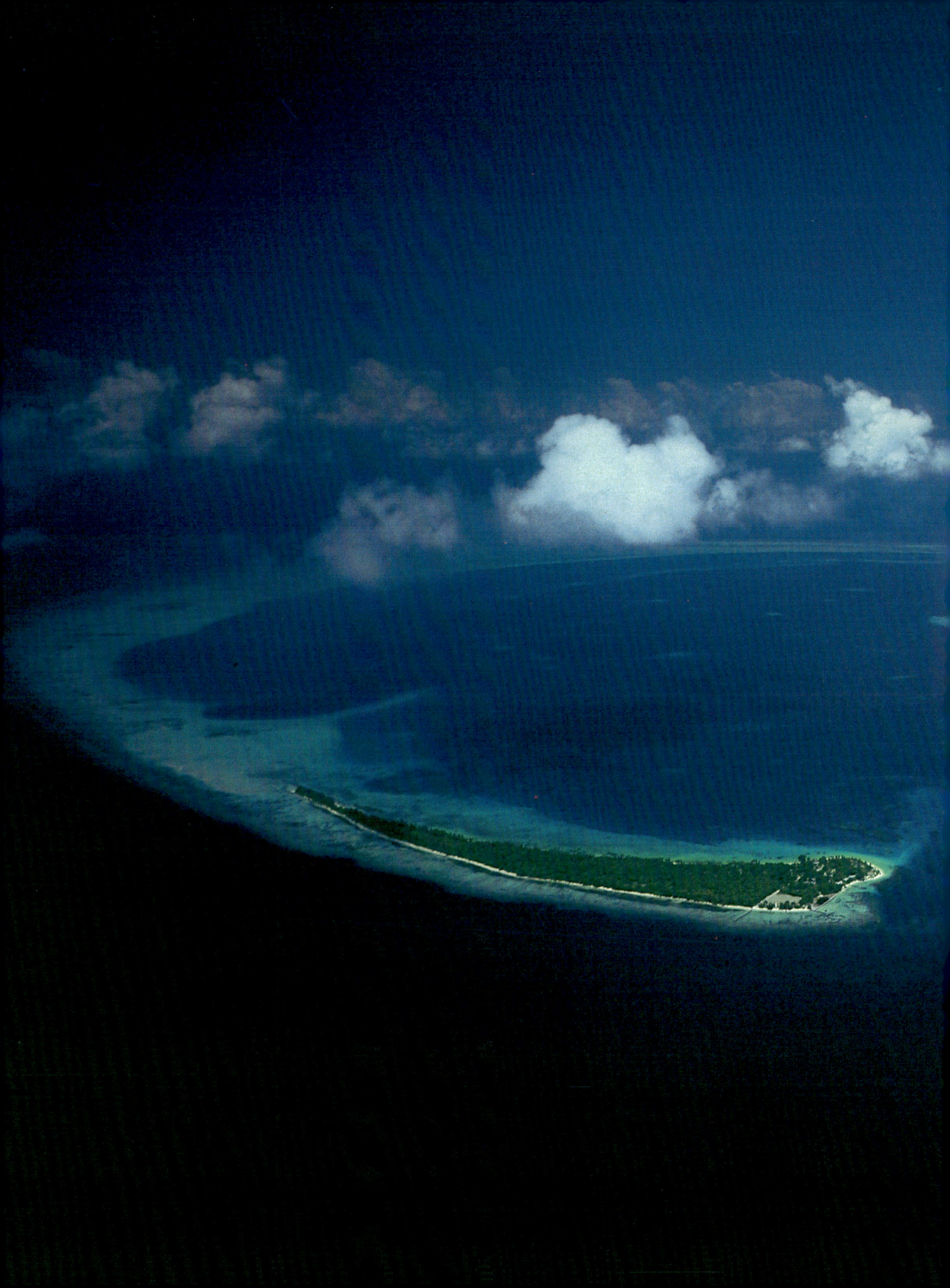

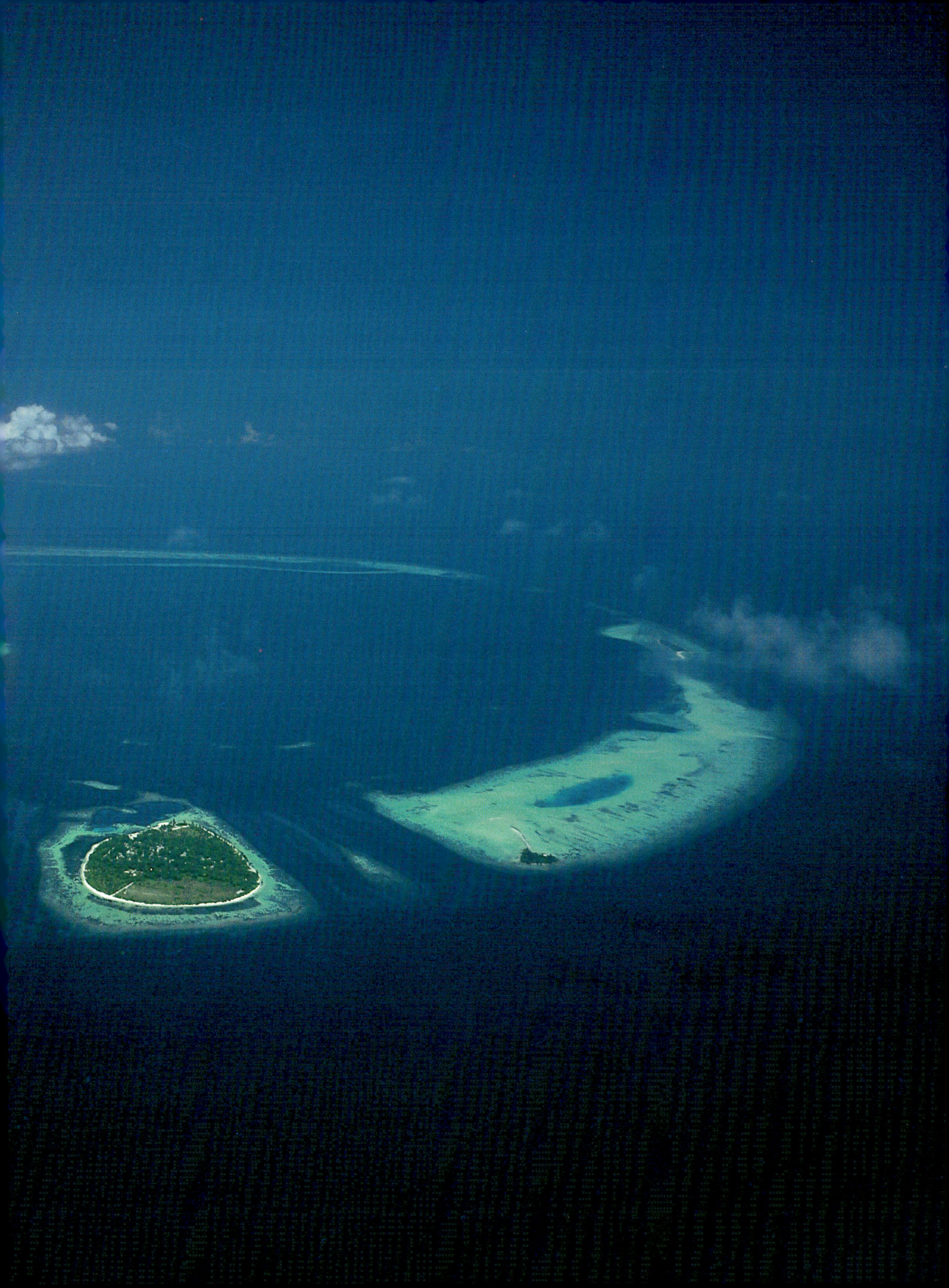

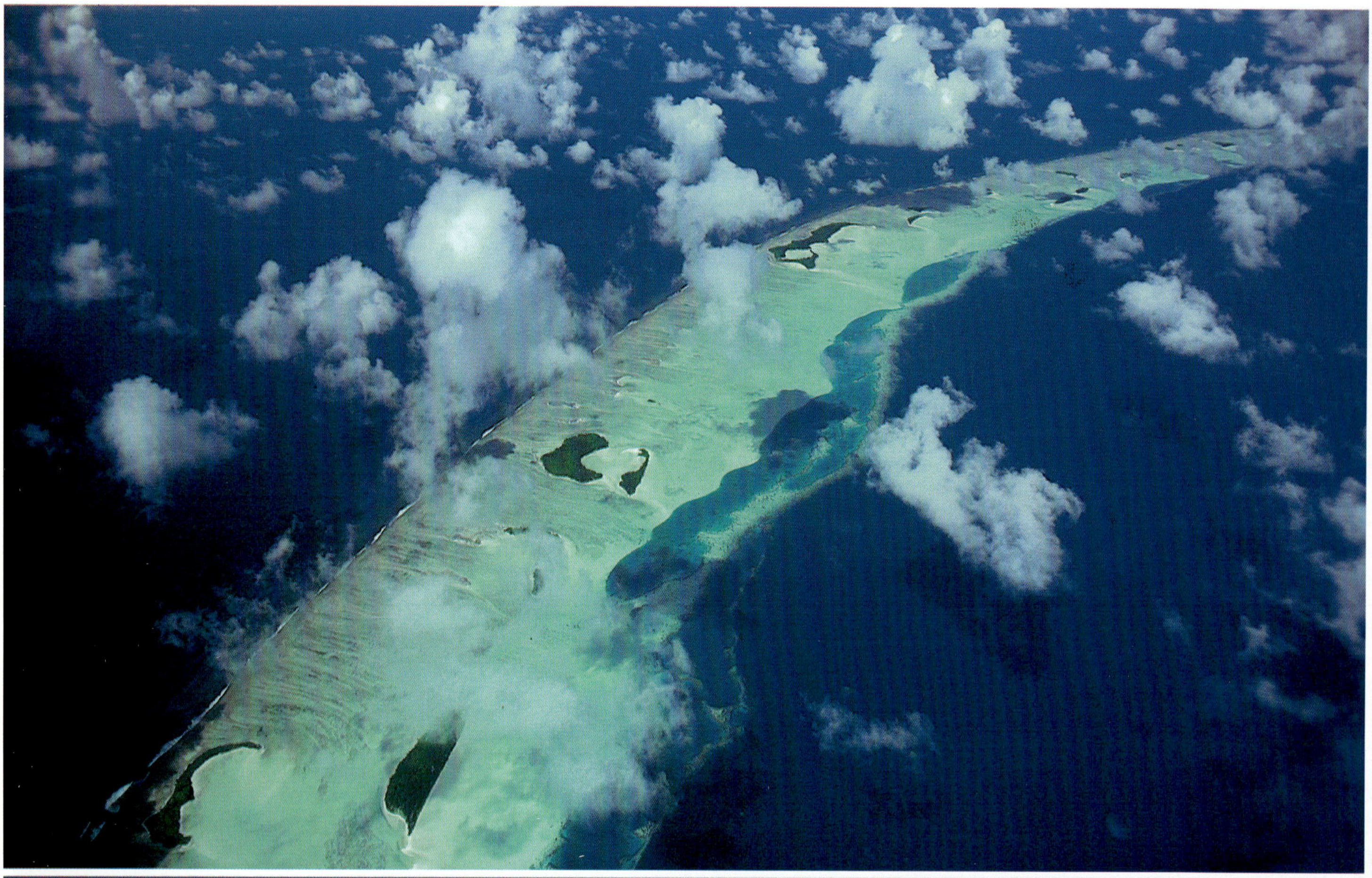

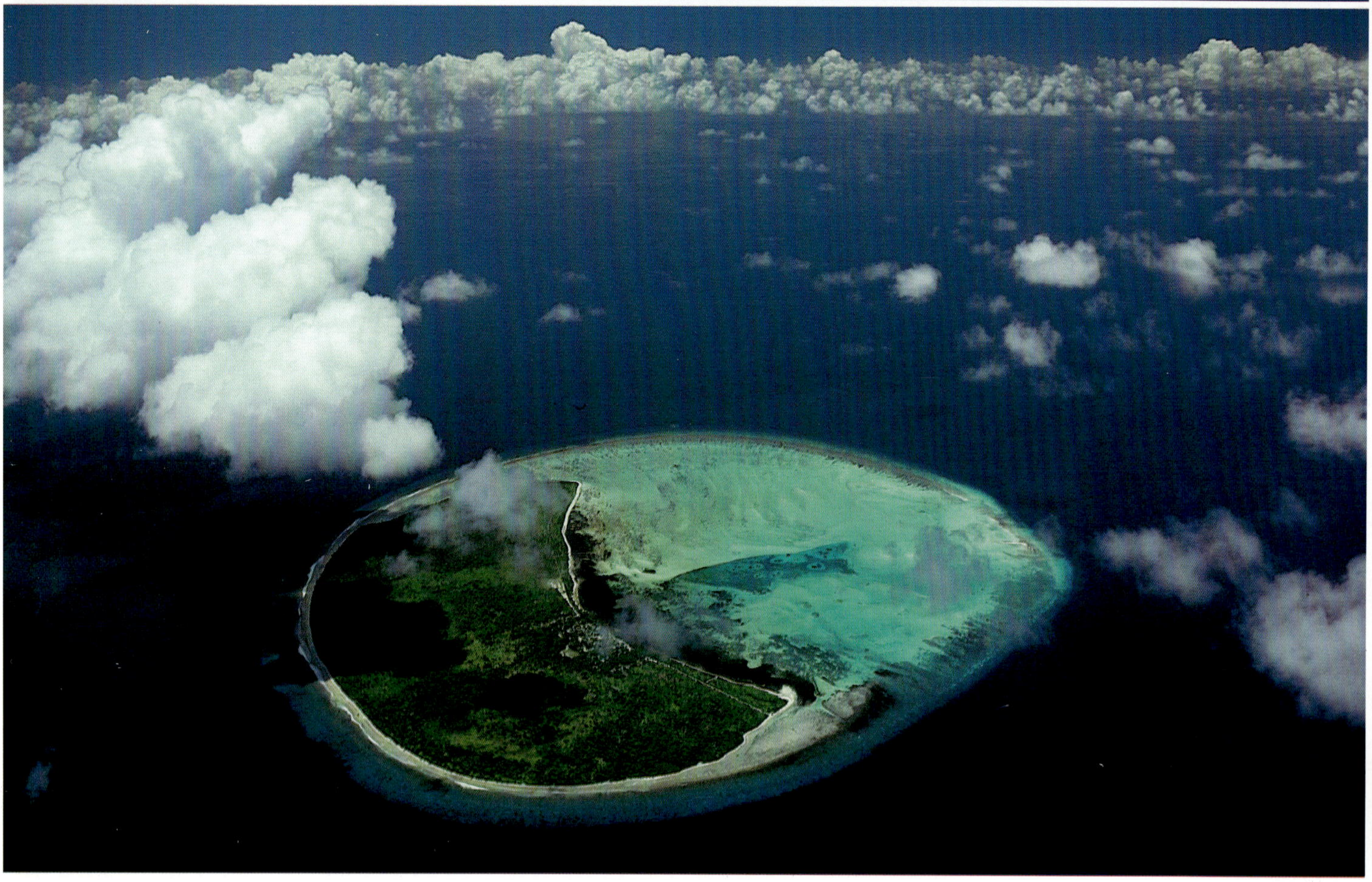

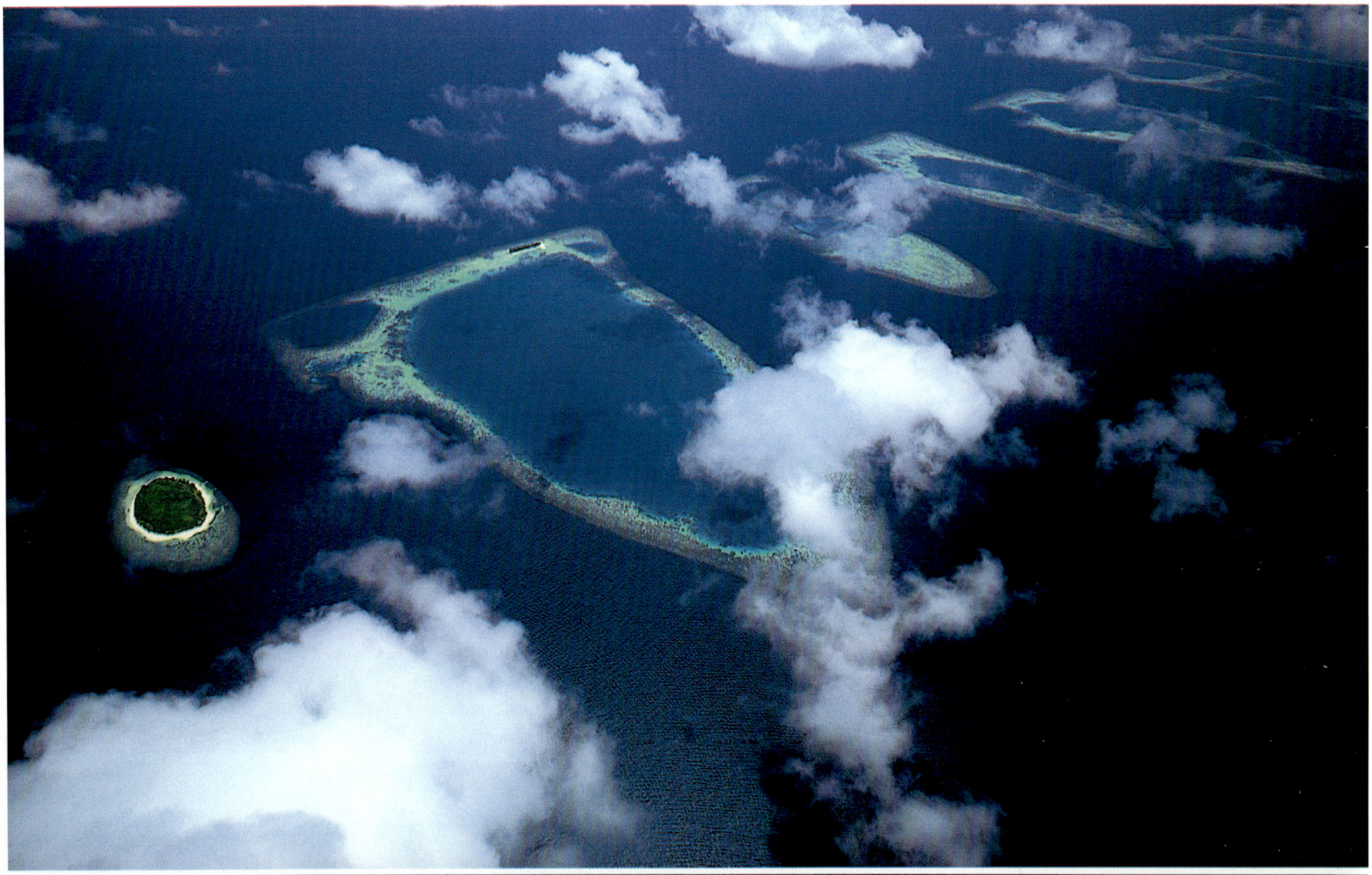

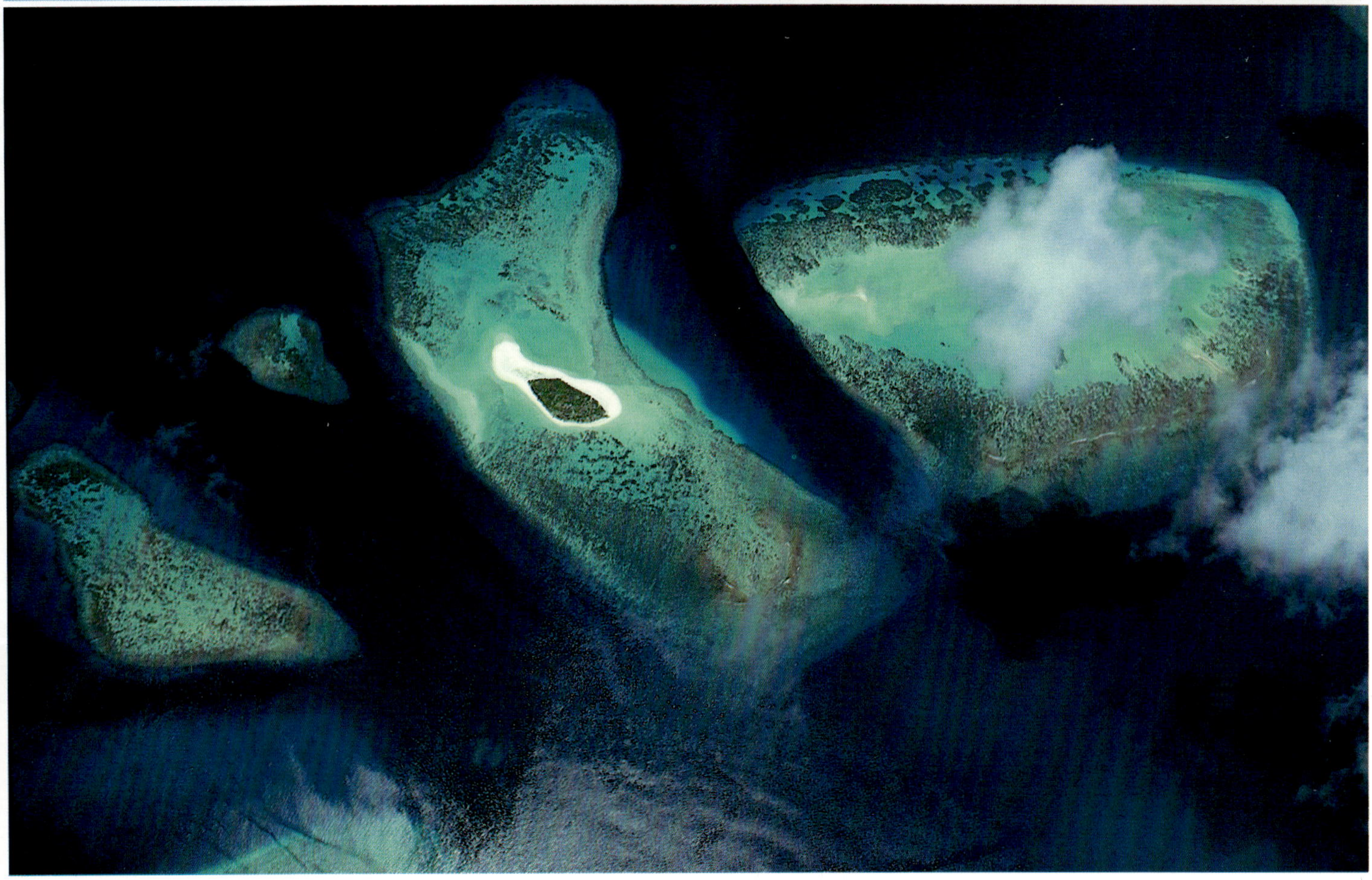

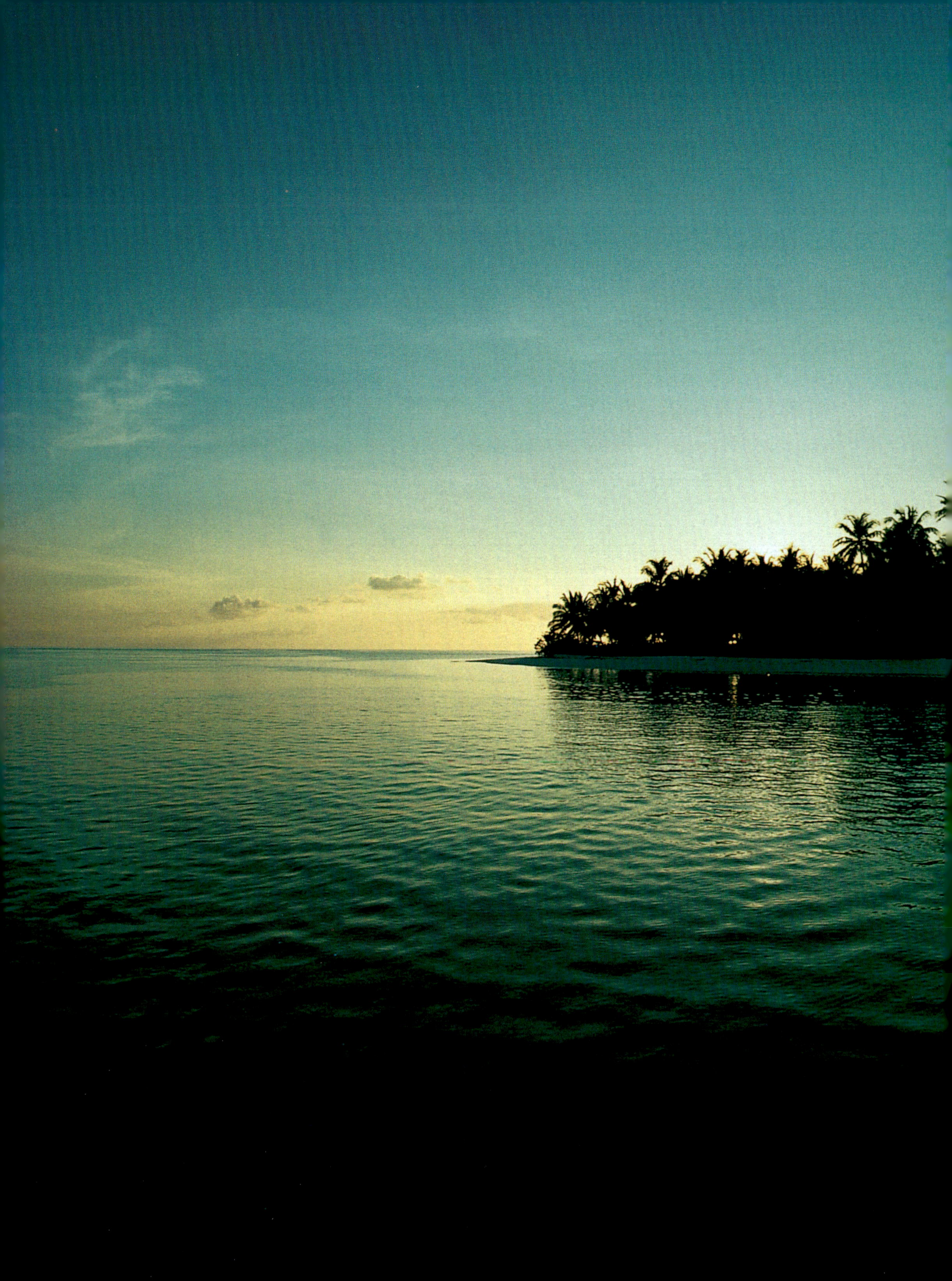

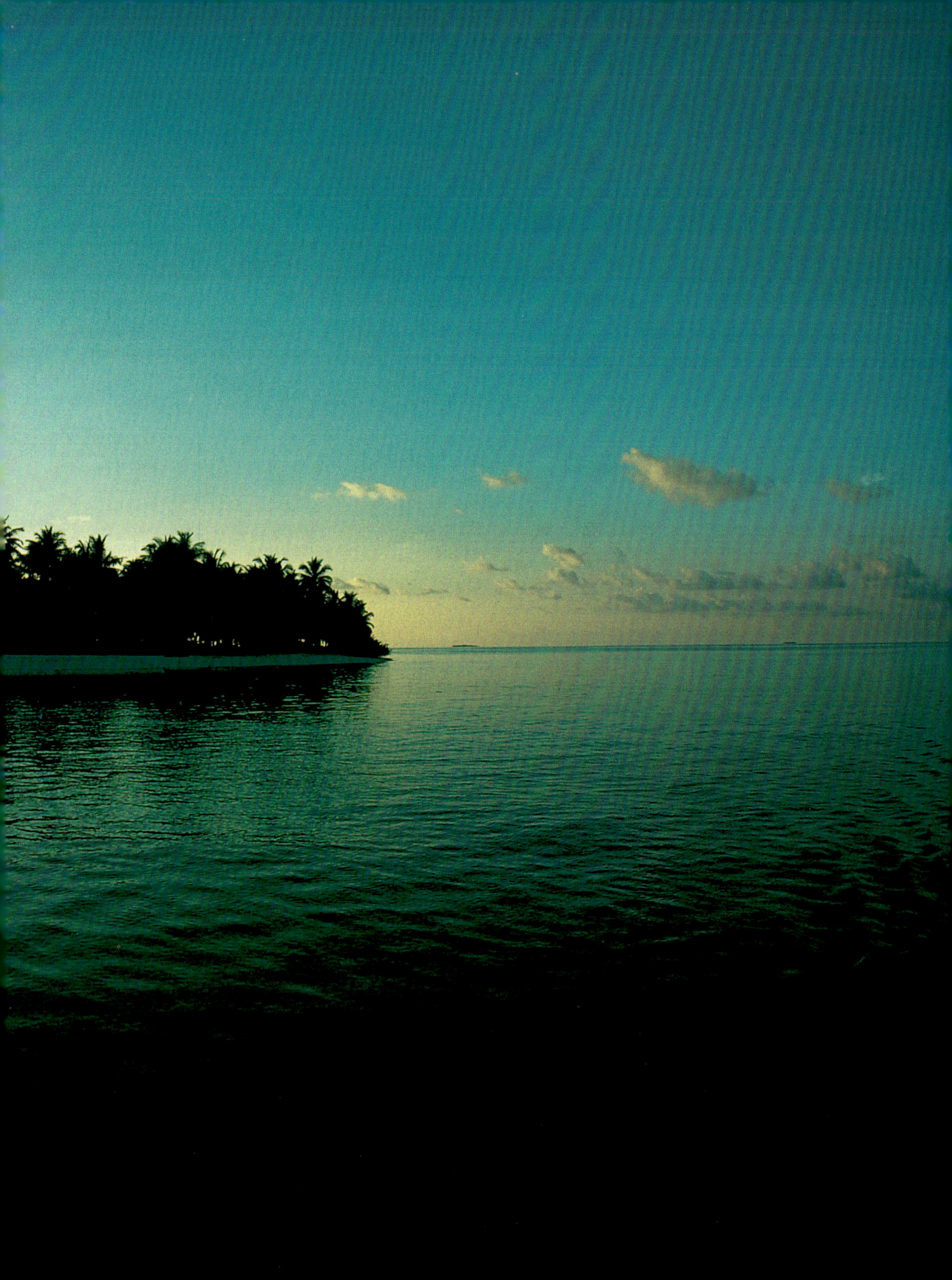

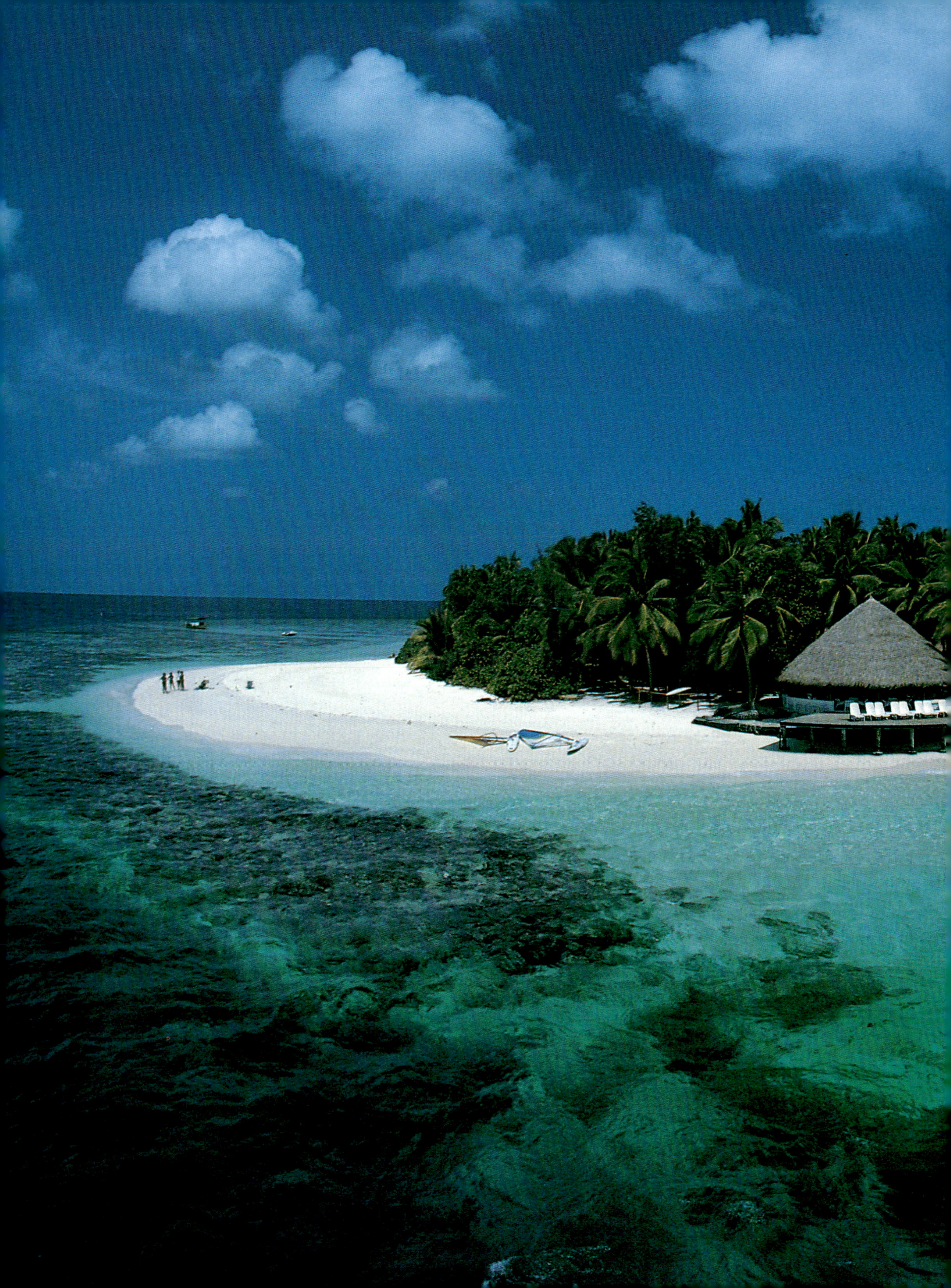

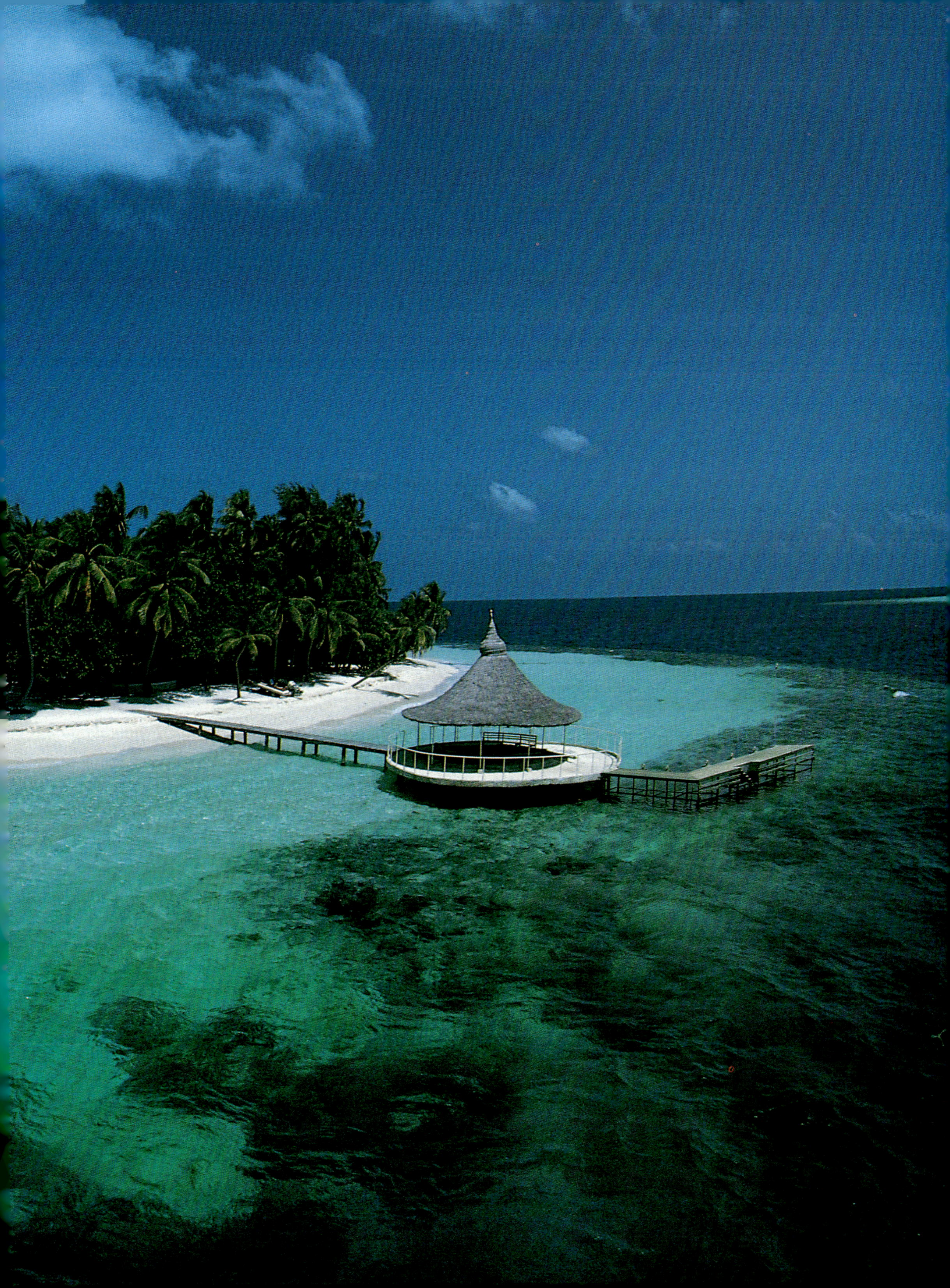

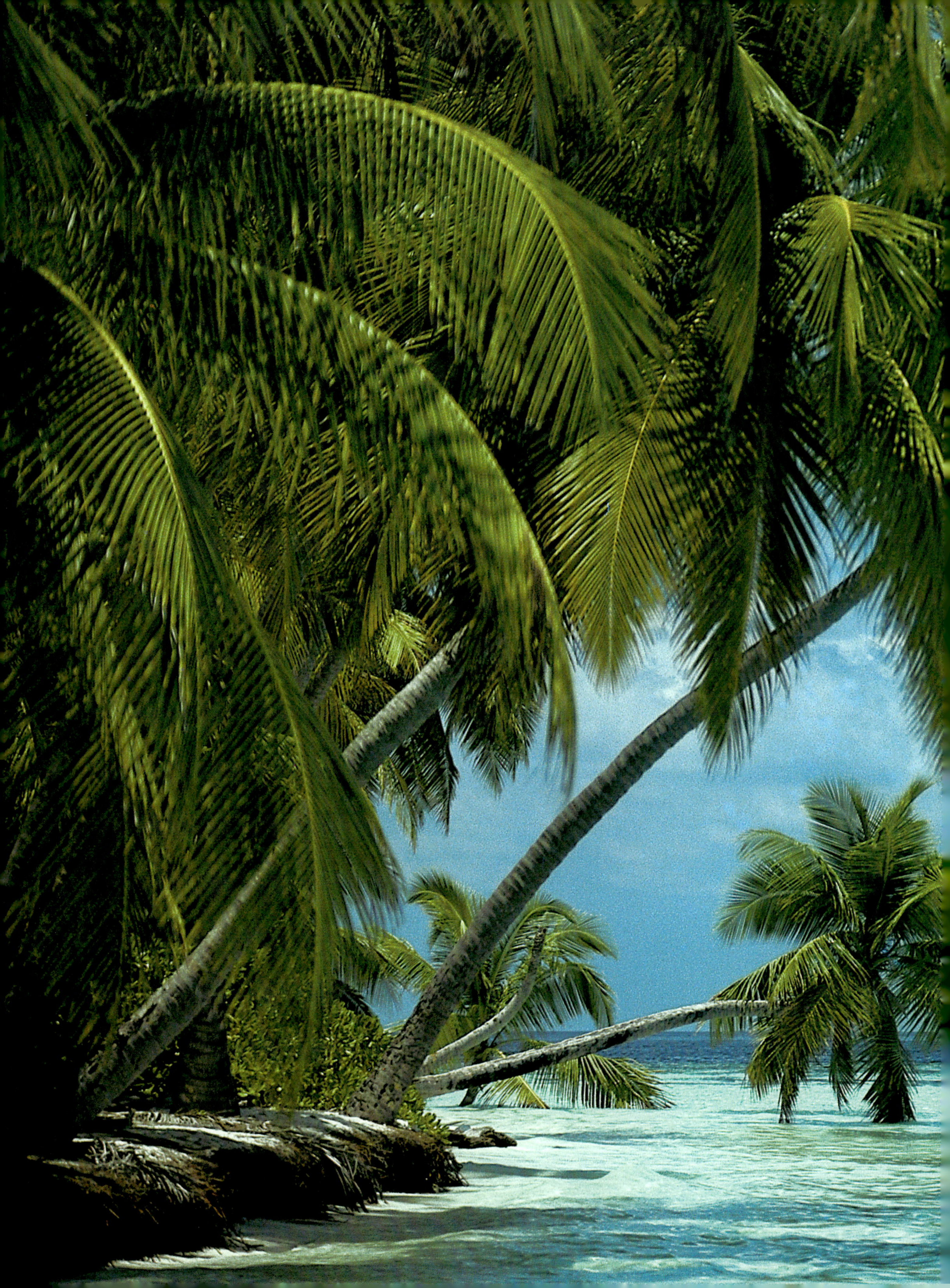

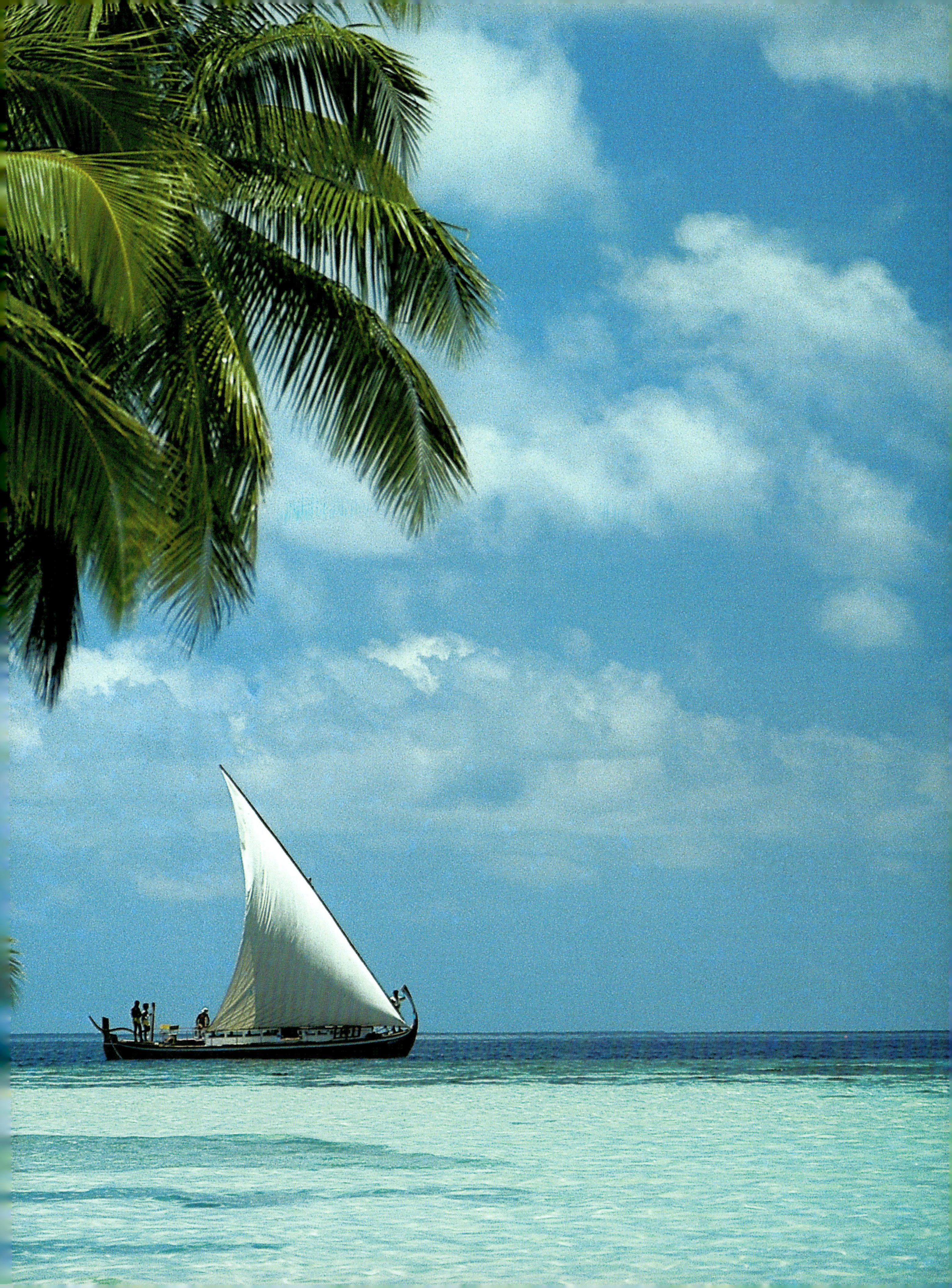

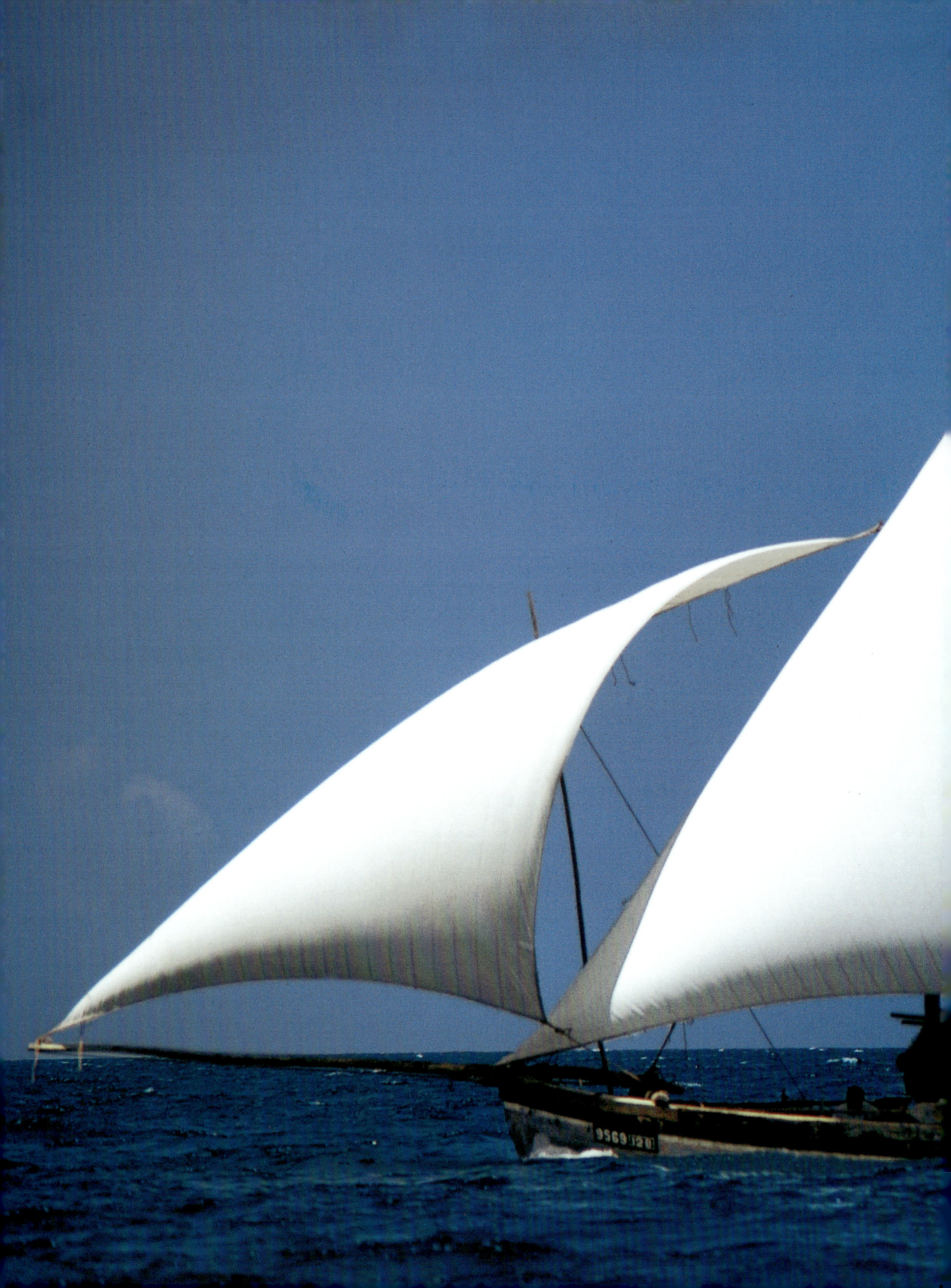

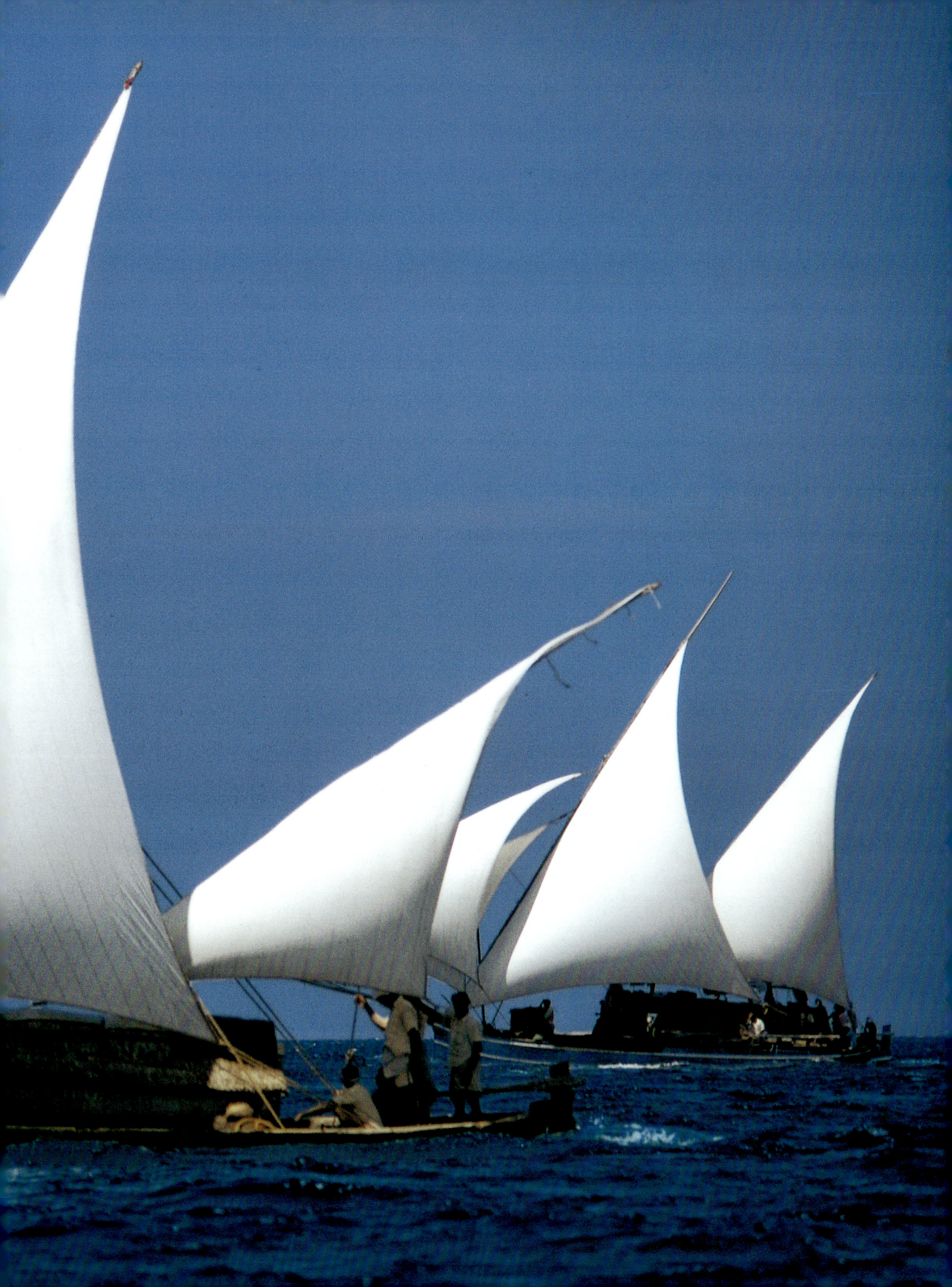

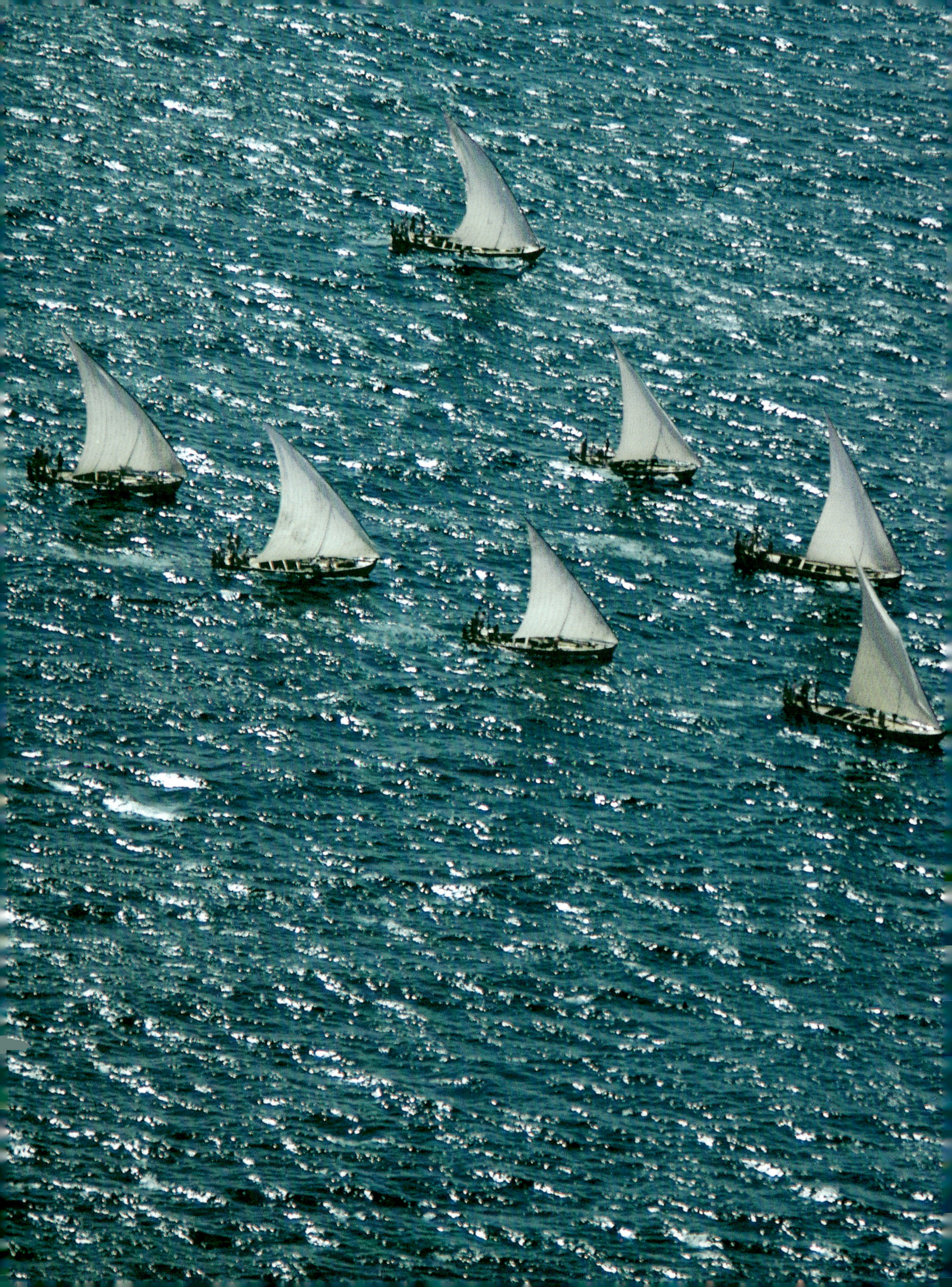

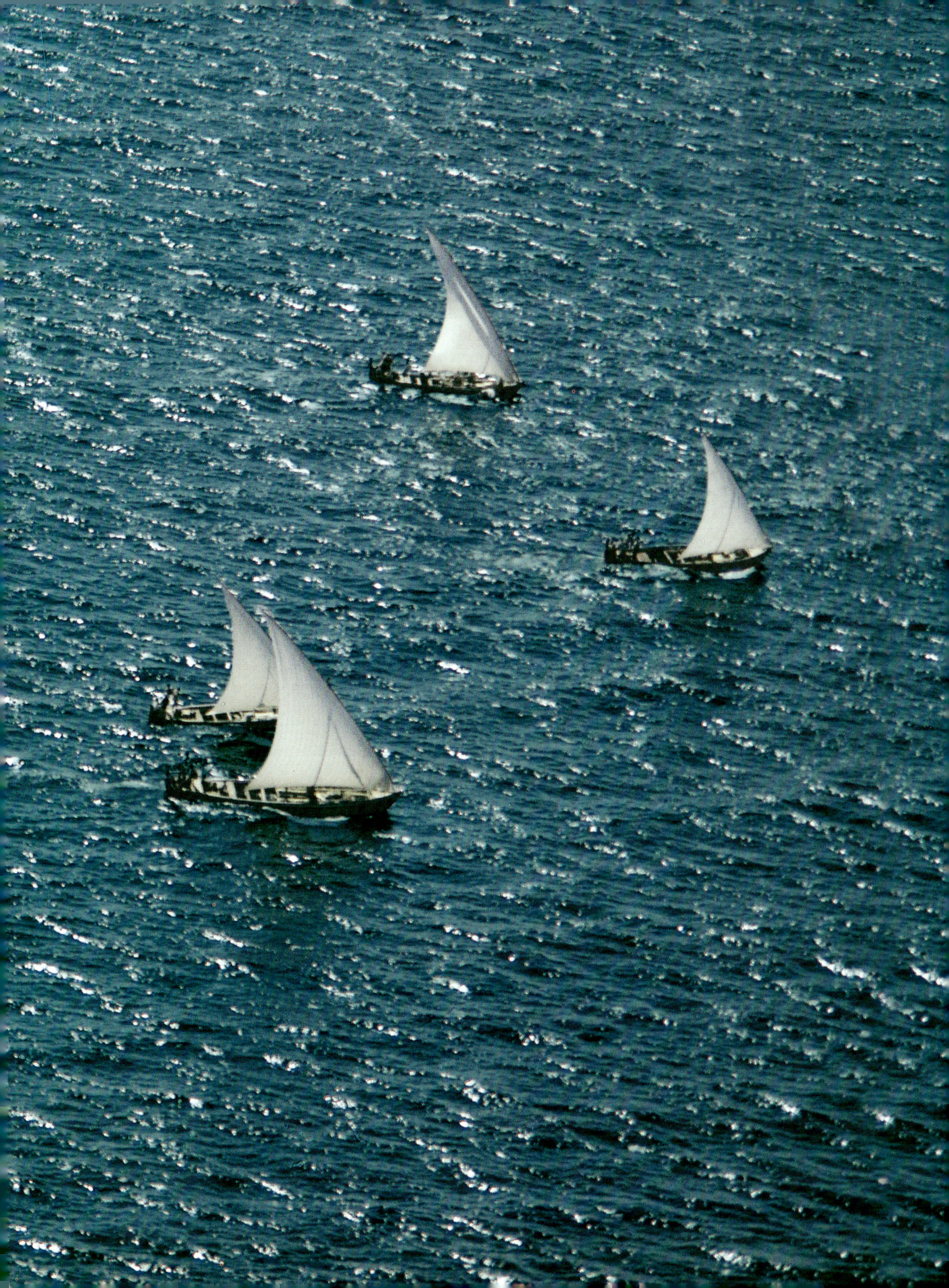

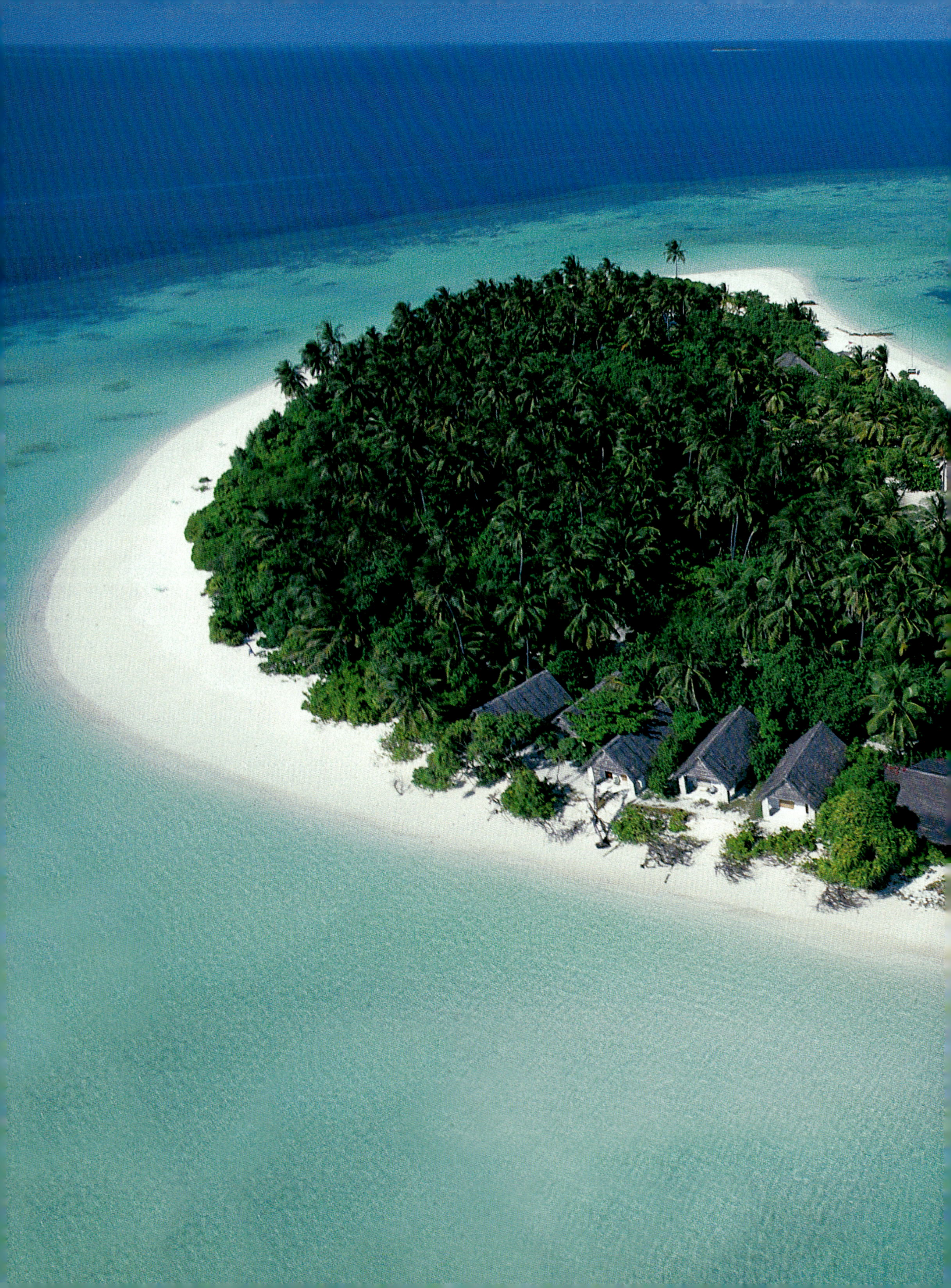

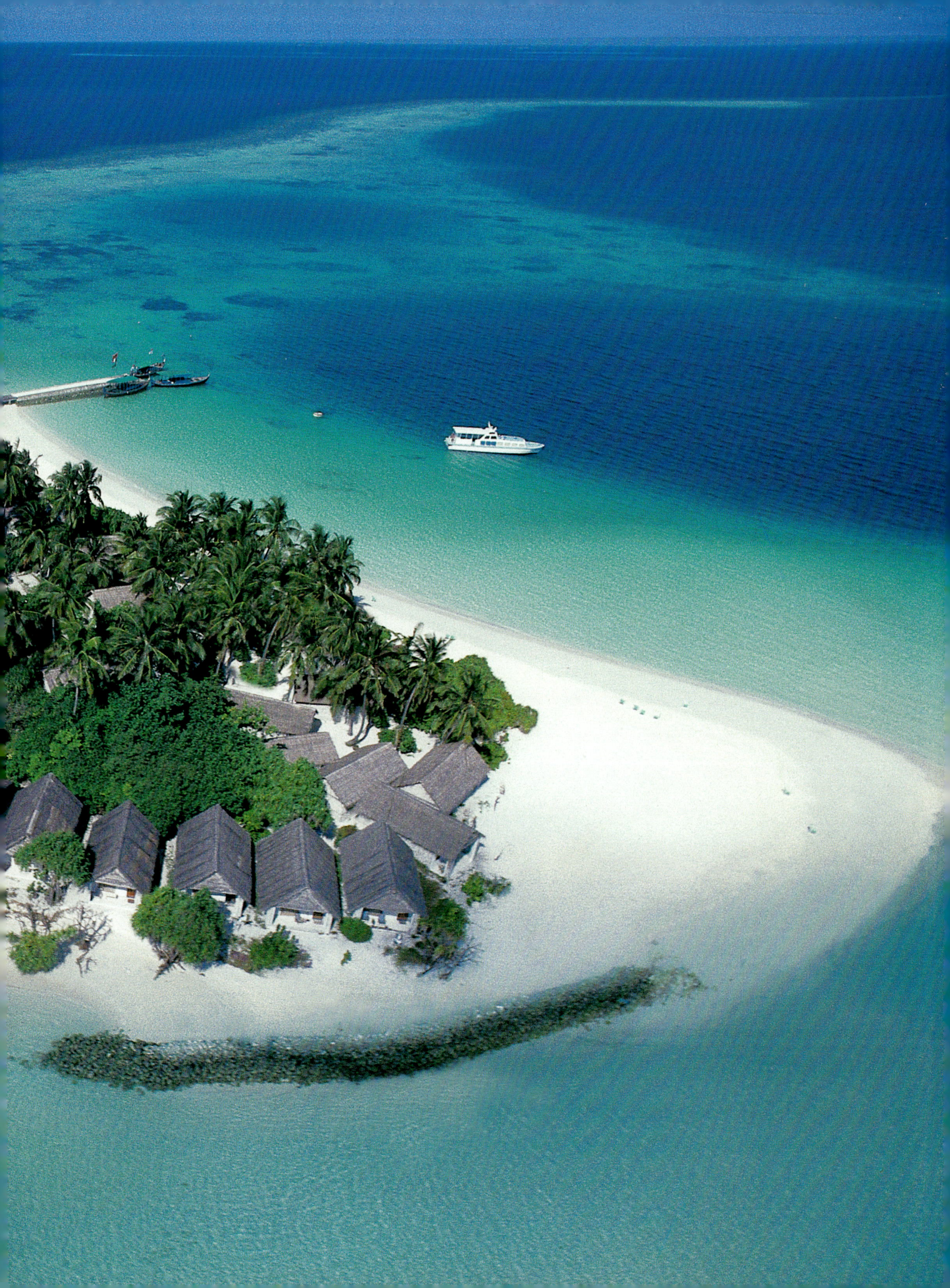

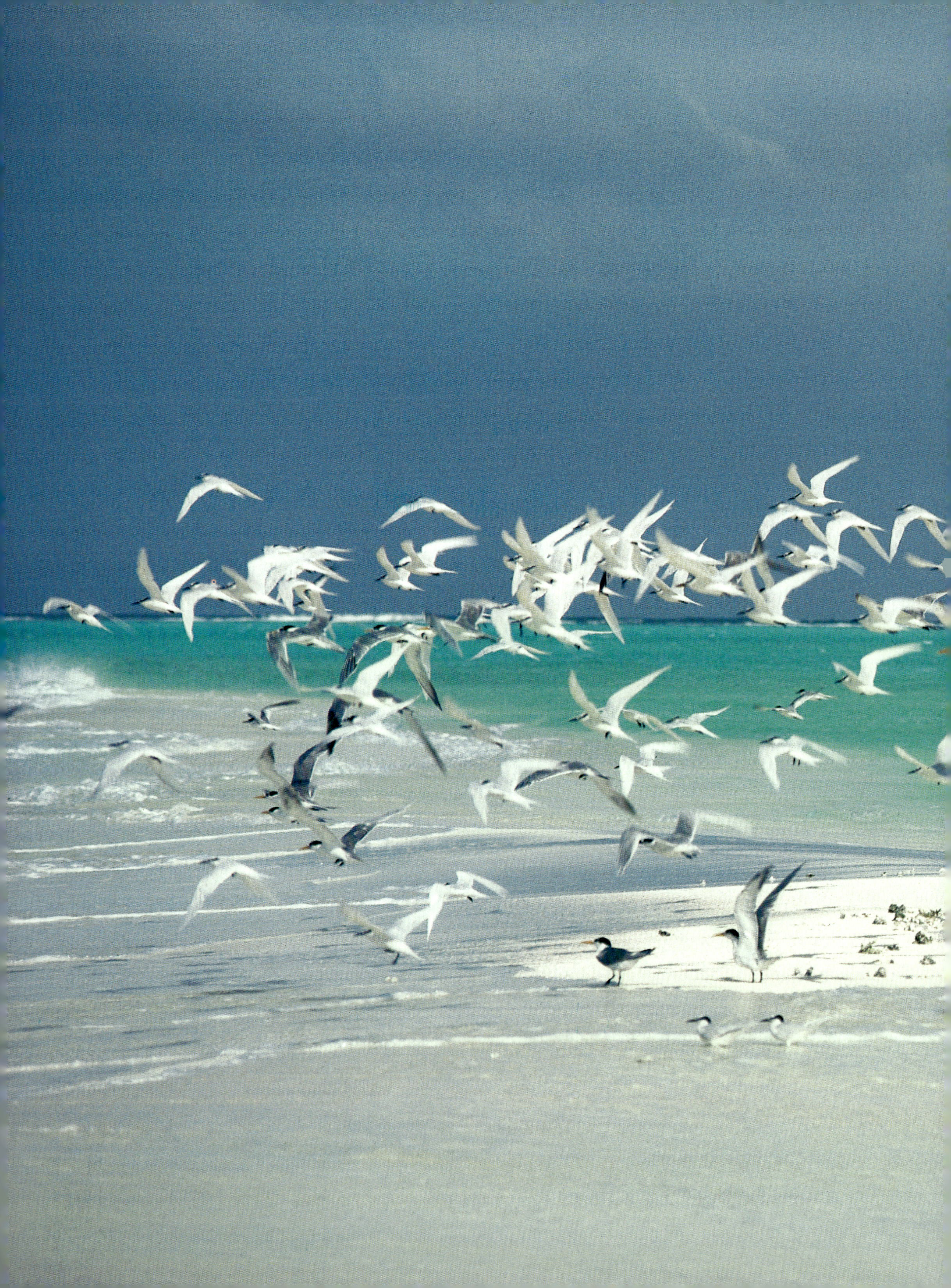

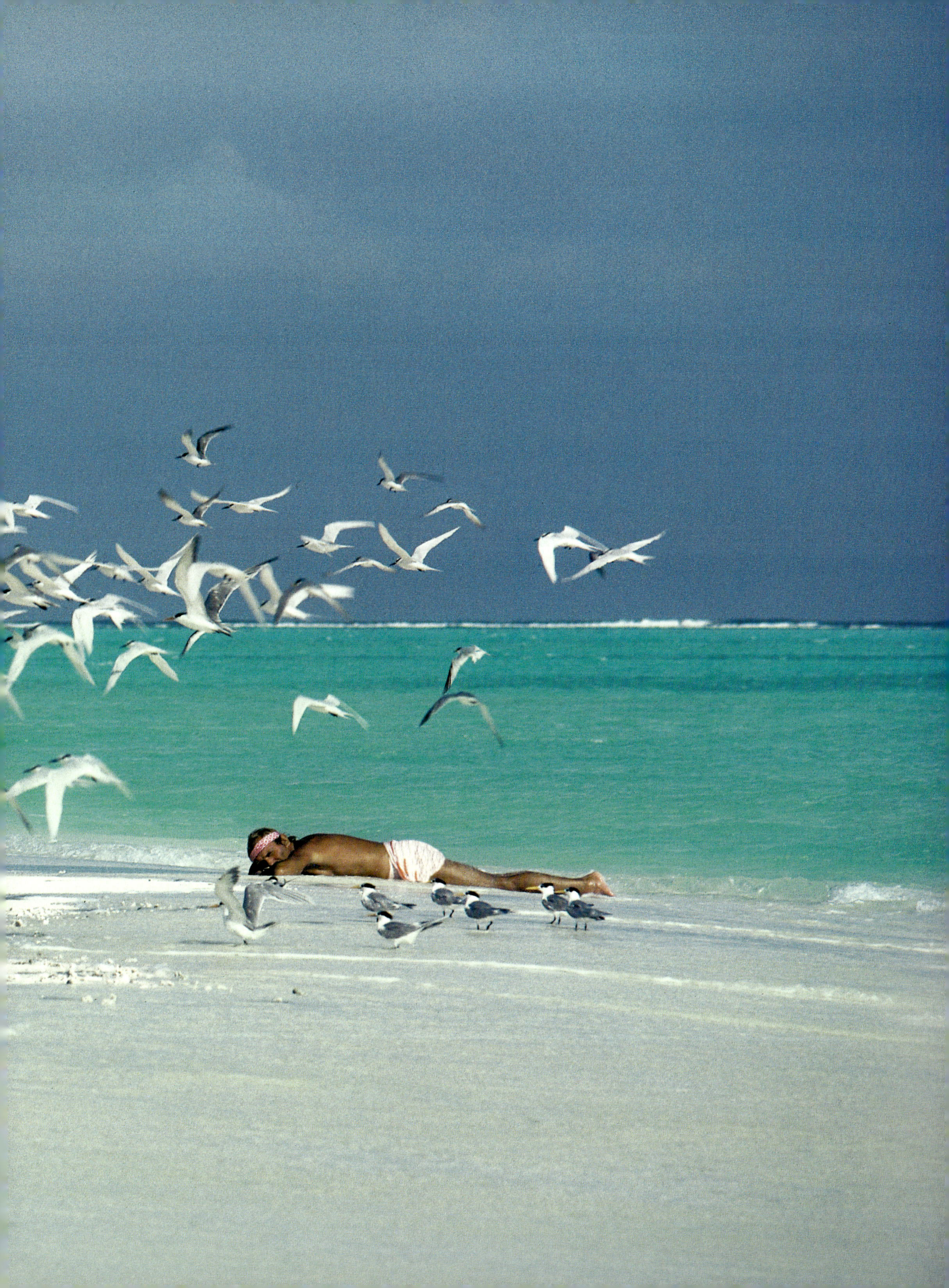

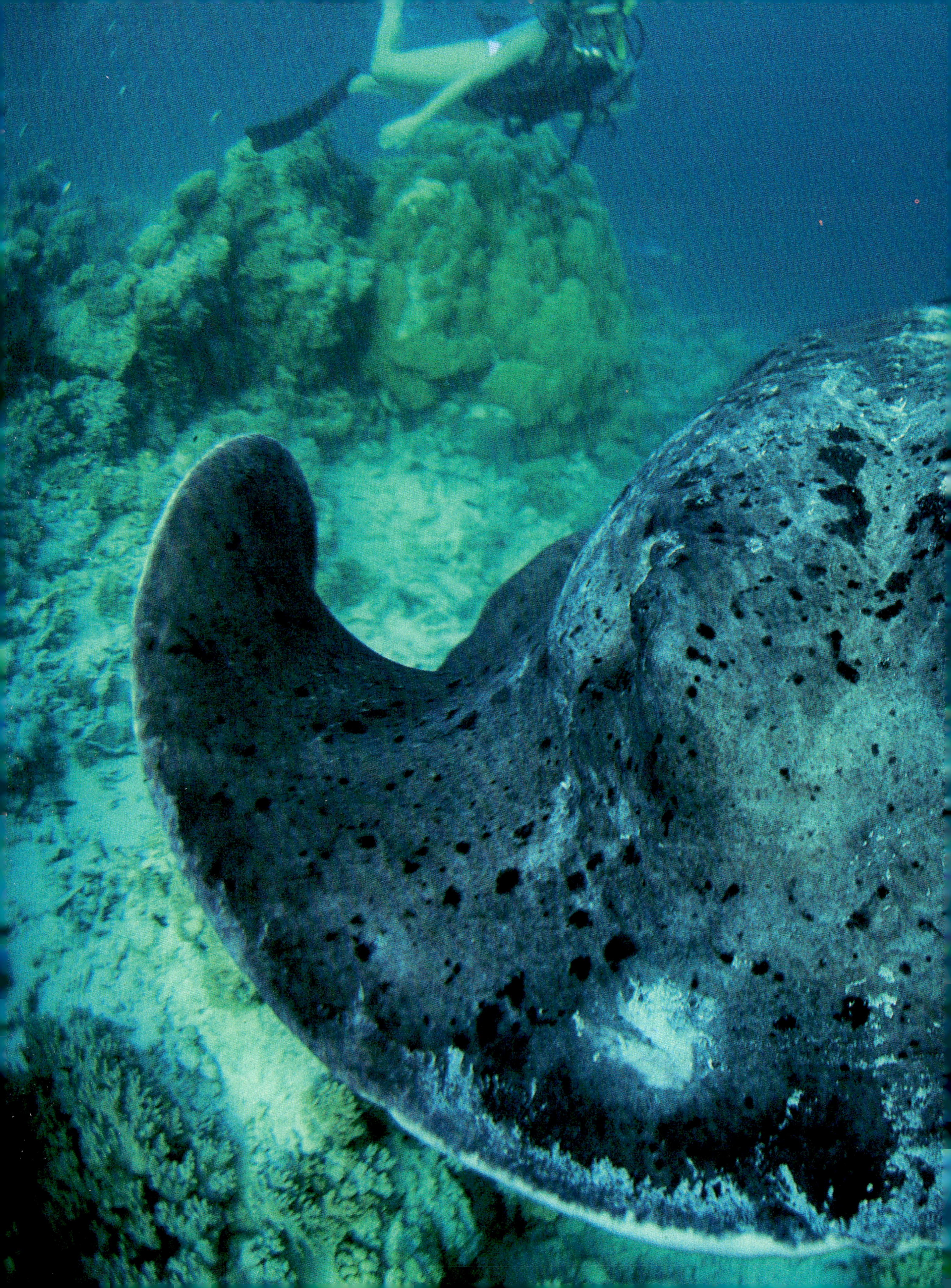

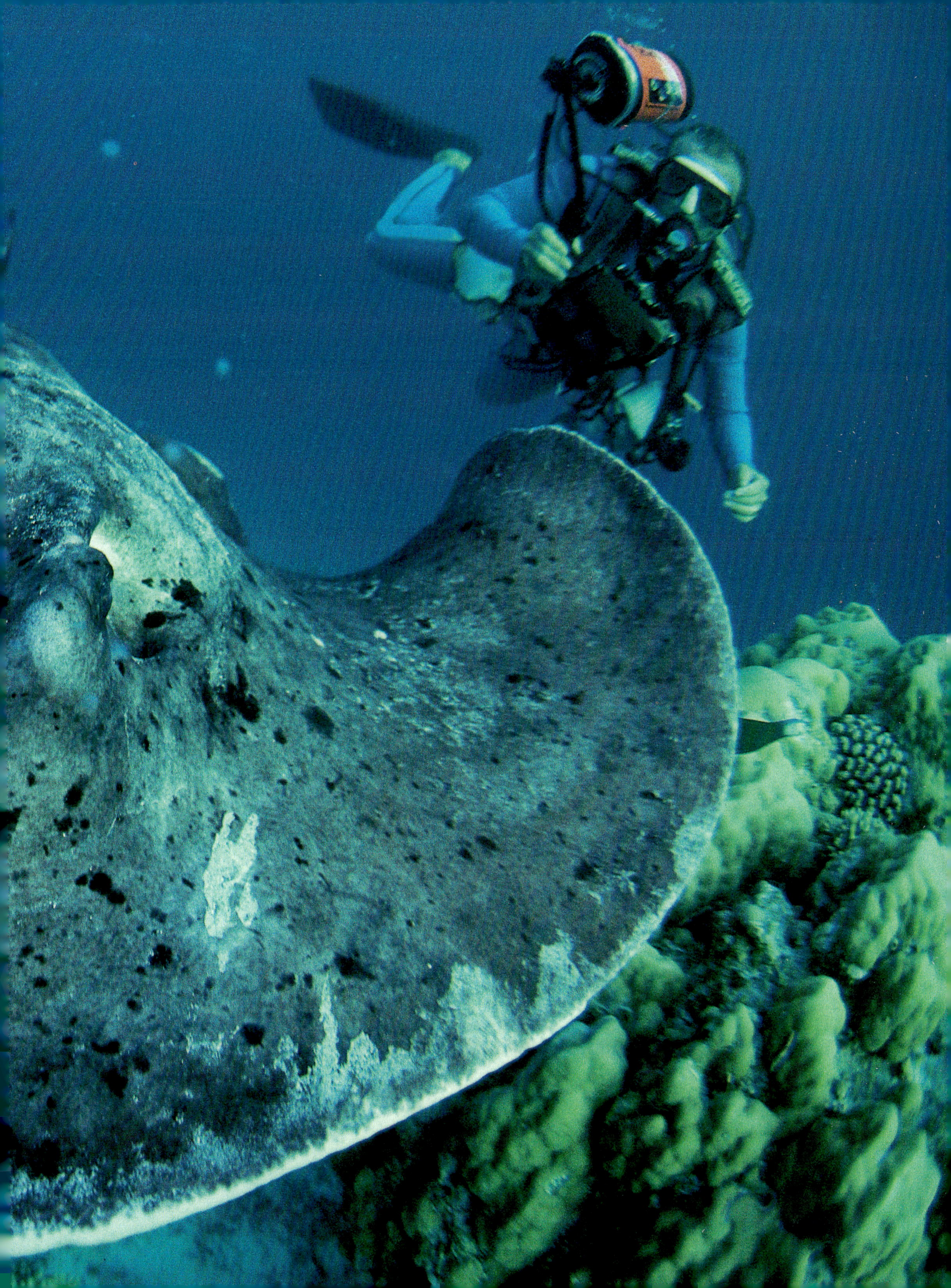

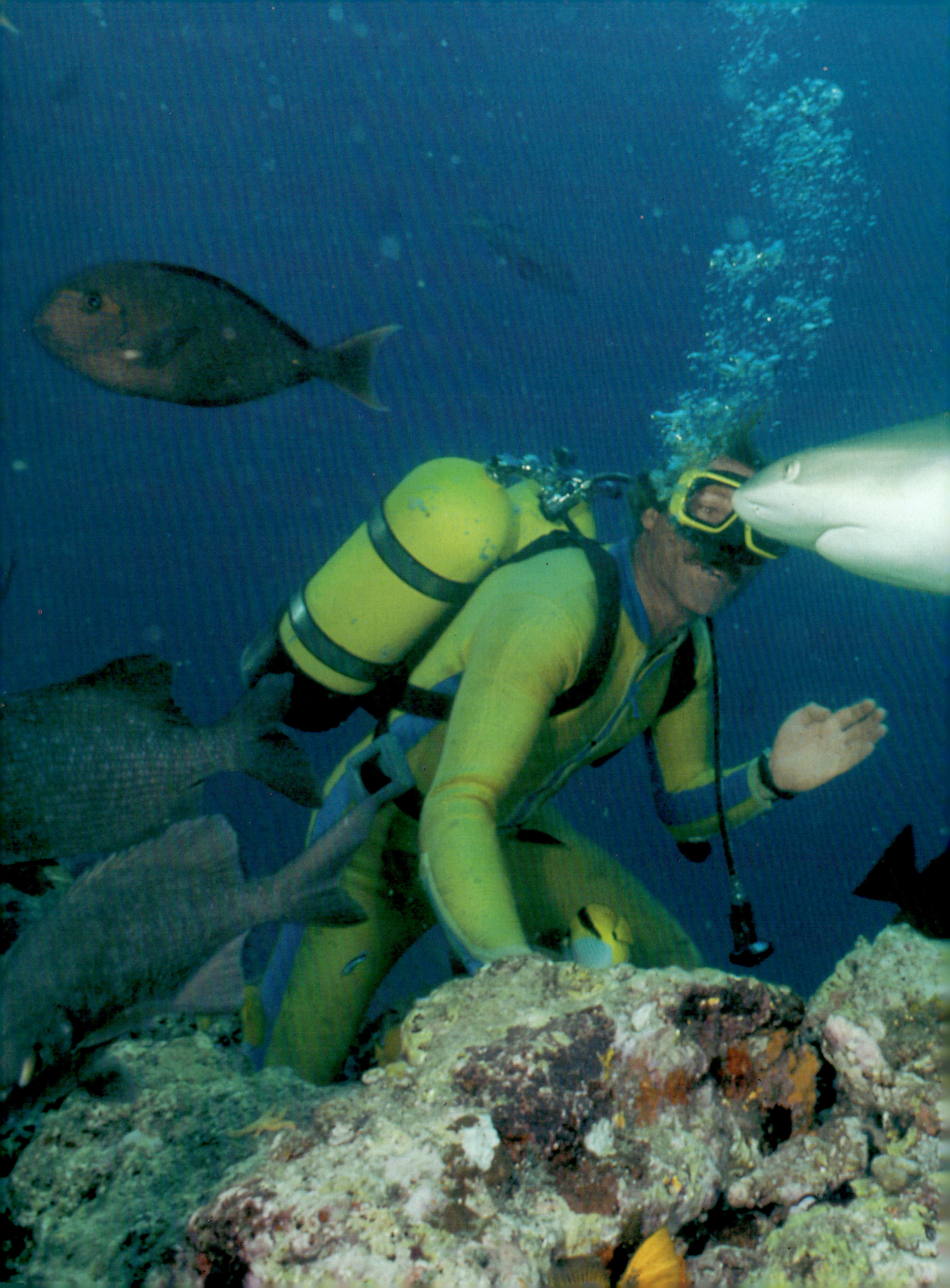

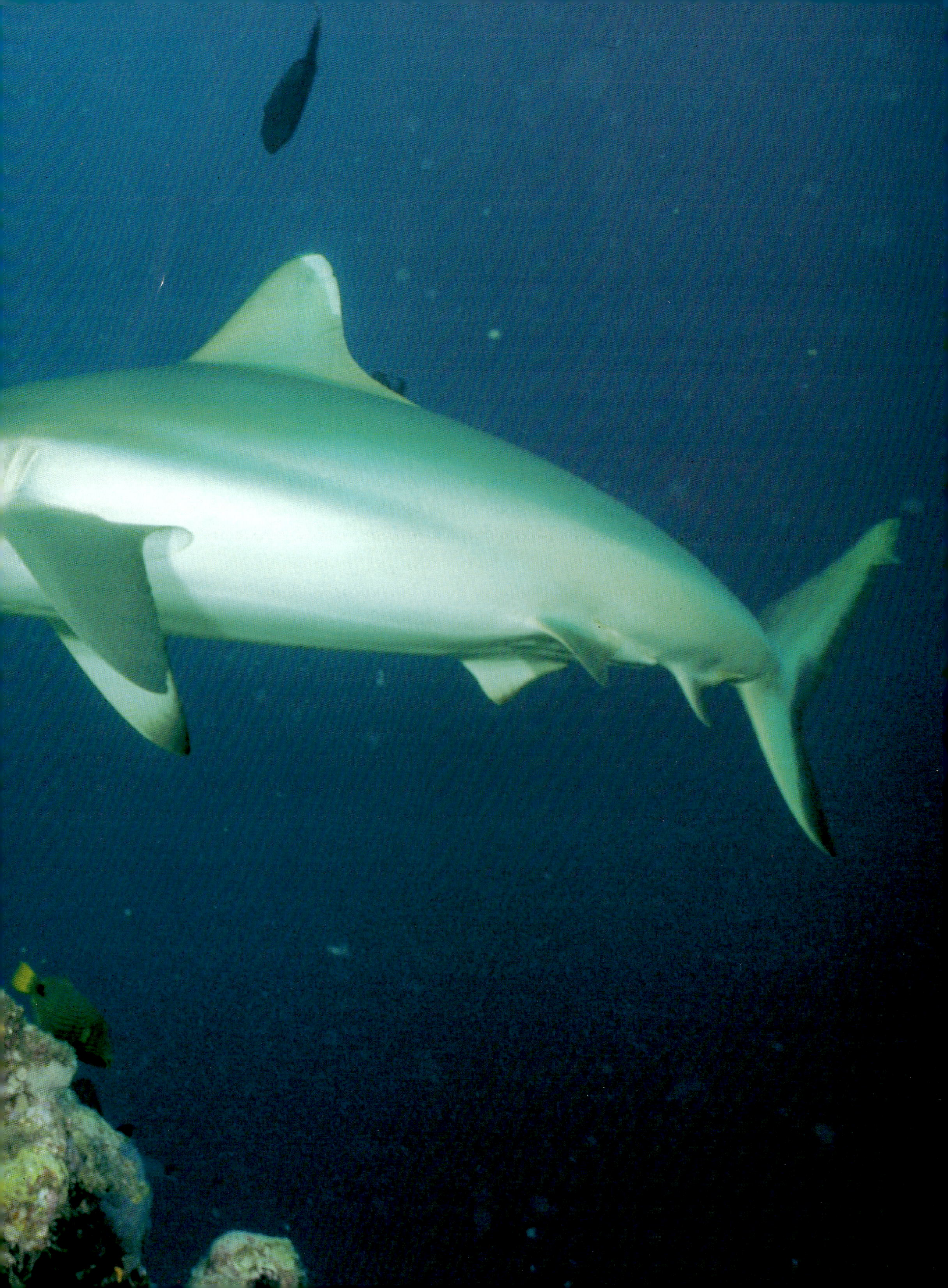

ABDUL AZEEZ ABDUL HAKEEM - IL GIARDINIERE DEI CORALLI

Un'isola di finissima sabbia corallina: è l'emblema di una vacanza da sogno.E si dà per scontato che esista. Quest'isola però è il risultato di un ecosistema funzionante ma anche molto sensibile. Senza la barriera corallina protettiva, le spiagge verrebbero spazzate via e l'isola finirebbe per essere sommersa dall'acqua.

A maggio del 1998 il fenomeno climatico detto El Niño si è abbattuto con conseguenze disastrose. I mari tropicali hanno raggiunto temperature fino a 37 gradi centigradi. Più dell'80% dei polipi dei coralli non sono riusciti a sopravvivere allo shock climatico. I giardini corallini, un tempo fiorenti, si sono trasformati in un grigio e scolorito campo di macerie, le barriere coralline di protezione sono andate distrutte. Su molte isole si cerca di fermare l'erosione usando sacchi di sabbia, gabbie di ferro piene di resti di coralli e fortificazioni.

Già nel 1995 Azeez, un precursore dei tempi e rappresentante coerente del turismo ecologico, aveva provato a costruire una barriera artificiale sull'isola di IHURU, un progetto sviluppato con l'aiuto dell'architetto tedesco Wolf Hilbertz. Una costruzione sommersa, fatta d'acciaio, in grado di immagazzinare corrente a bassa tensione da celle solari. La corrente elettrica fa cadere il calcare, creando così un terreno simile a quello corallino, dove i baby-coralli trapiantati possono insediarsi.

Quando El Niño colpì, in questa costruzione morirono solo il 30% dei coralli, mentre nel resto della barriera più dell'80%. I coralli coltivati in questo sistema di aste sembrano essere più resistenti e in grado di sopportare meglio il calore. In essi sono riposte tutte le speranze della ricerca scientifica sui coralli. Questa tecnica oggi si è affermata ed è stata applicata a più di cento progetti in 12 paesi. "Questi coralli possono essere coltivati con mezzi molto semplici e poi trapiantati nelle barriere morte, è facile come trapiantare un albero" -dice con entusiasmo Azeez, il giardiniere dei coralli. "È un dovere per tutte le isole sfruttate dal punto di vista turistico. Non è così costoso da non poterselo permettere! In questo modo potremmo salvare le nostre barriere dal prossimo El Niño!"

Finora l'unico laboratorio marino delle Maldive è a Vabbinfaru, sponsorizzato dal Banyan Tree Resort. Qui due maldiviani e un biologo marino di fama internazionale conducono le loro ricerche ed esperimenti insieme ad Azeez.

Nella notte di luna piena nel mese di marzo 2003 Azeez e il suo team sono riusciti a fare sensazionali riprese video sulla riproduzione dei polipi dei coralli. "Emettevano nuvole di uova arancio-rosse e sperma. E' la prima volta che nella storia delle Maldive si osserva un fenomeno del genere. Ciò potrebbe essere la prova del fatto che le nostre barriere, anche se in pericolo, si rigenereranno". I turisti che lo desiderano, soprattutto chi alloggia presso il Banyan Tree e Ihuru Angsana, possono prendere parte al "Reef Check Programm". È un programma condotto dall'istituto per la protezione dell'ambiente della UCLA, l'università della California, che si occupa di raccogliere e analizzare dati con l'aiuto di osservatori volontari in tutto il mondo. Tutti i sub sono i benvenuti e in poco tempo vengono istruiti su quanto vi è da fare.

Lungo una linea di 100 metri vengono raccolti dati alla profondità di 3 e 10 metri. La quantità di informazioni necessaria può essere raccolta solo con l'aiuto di volontari. Qui c'è bisogno dell'aiuto di chiunque!

Il programma per la protezione delle tartarughe di mare è un altro progetto di Azeez. Per preservare il numero di tartarughe marine delle Maldive, vengono allevati ogni anno fino a 60 piccoli, che durante i primi dodici mesi di vita vivono in una gabbia protettiva all'interno della laguna di Vabbinfaru. Al compimento del primo anno di età vengono messi in libertà.

Adesso sono abbastanza grandi per non finire come cibo per i pesci e per gli uccelli. Grazie ai trasmettitori che vengono loro applicati forniscono informazioni importanti sulla loro crescita e le loro rotte migratorie. I risultati definitivi si avranno solo dopo 30 anni, quando le tartarughe sopravvissute torneranno sulla loro isola a deporre le uova.

Grandi idee, un grande impegno, tanta pazienza e molti sponsor sono i requisiti necessari per il successo di entrambi i programmi. Azeez e il suo team forniscono volentieri informazioni sui loro progetti. Una volta al mese i bambini che frequentano la scuola a Male vengono sull'isola. La nuova generazione deve cominciare presto a conoscere i problemi ambientali, ma anche le possibilità di proteggere la loro terra, gli atolli delle Maldive.

Chi vuole aiutare è sempre il benvenuto! Per ulteriori informazioni:
www.banyantree.com
e-mail: marine-maldives@banyantree.com

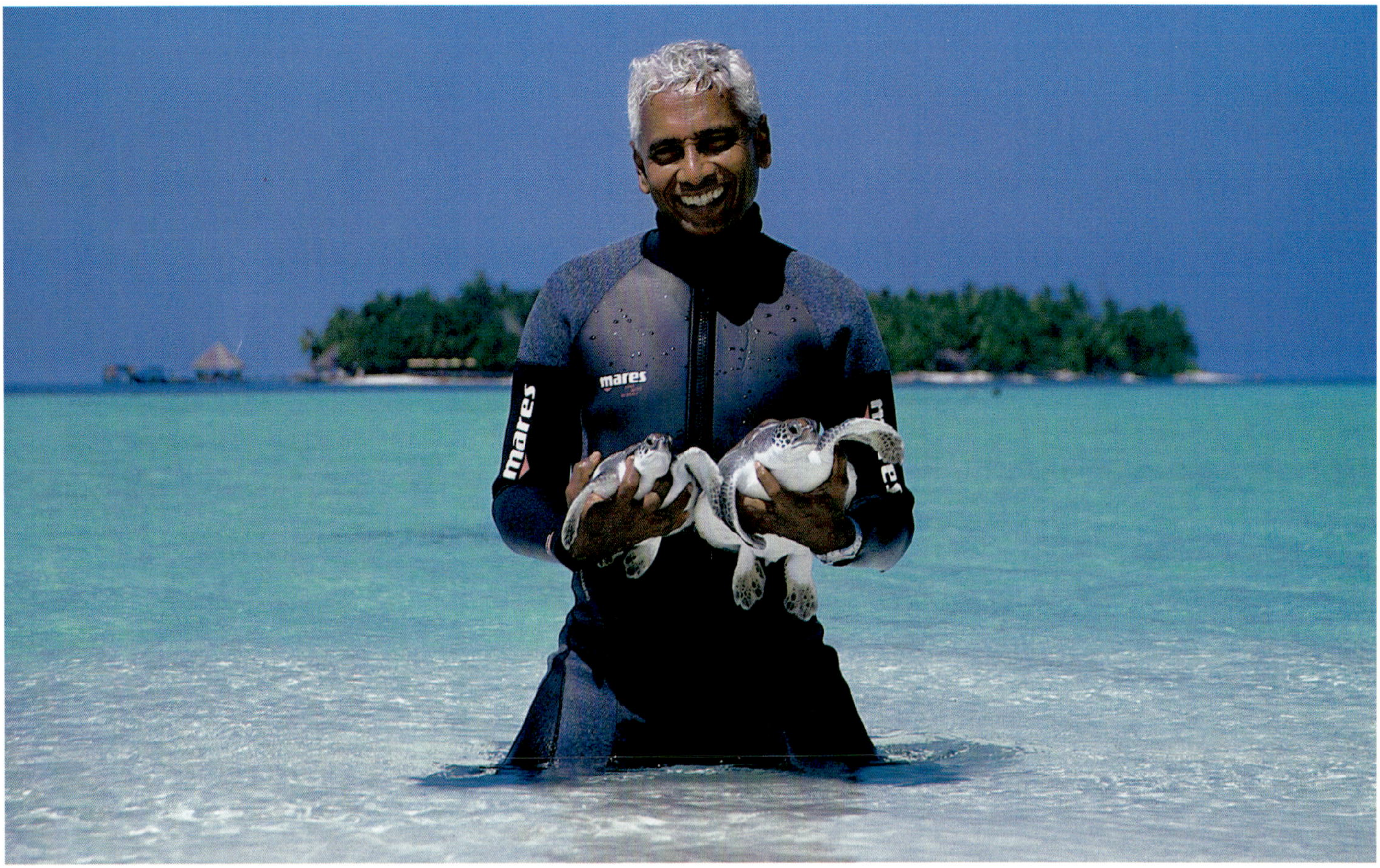
mares
mares

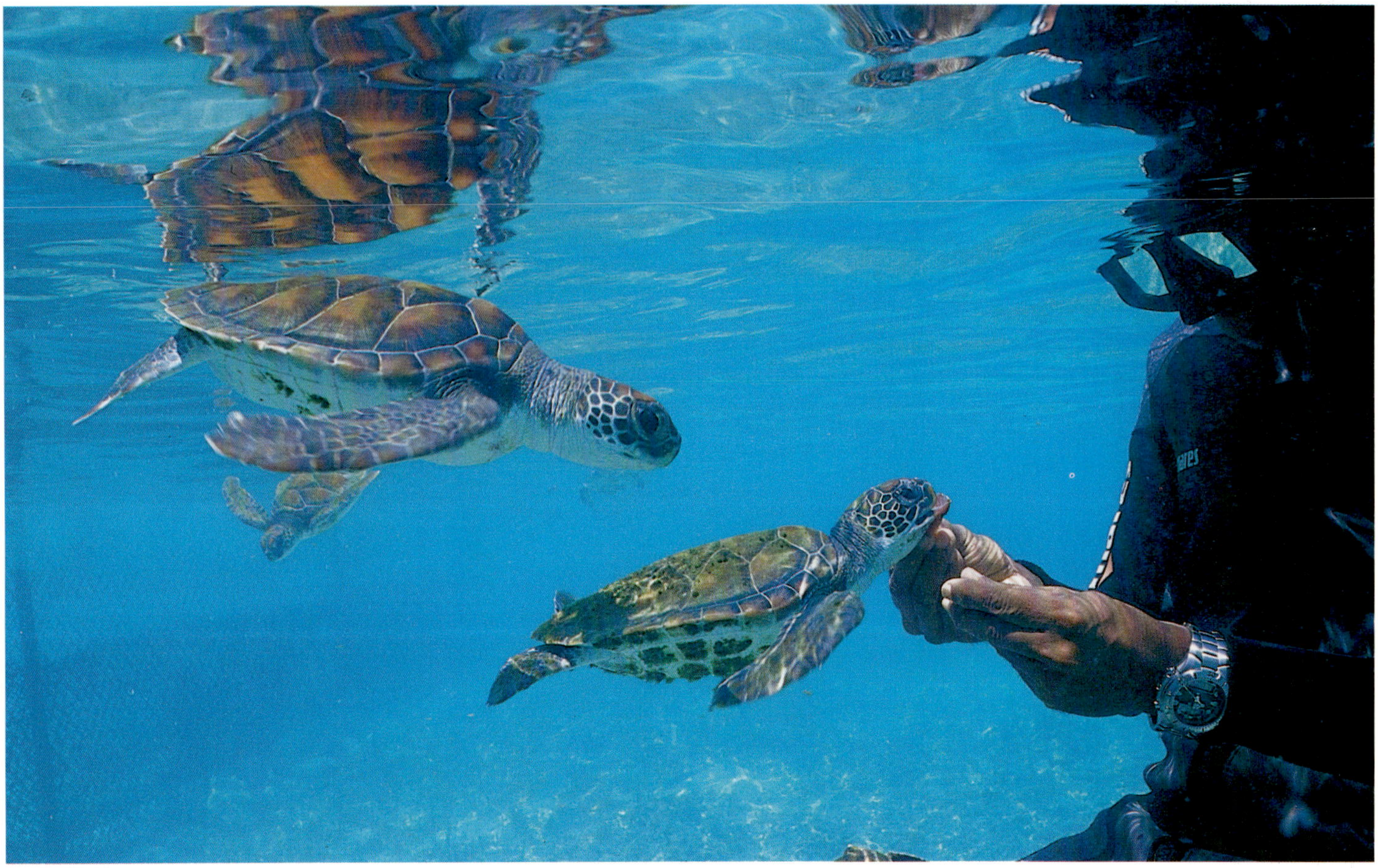

MONDO SOMMERSO

Pesce angelo imperatore

Cernia puntinata

Squalo grigio di scogliera

Pesce pietra

Pesce occhio grosso

Dal mare, uno sguardo verso la superficie

Snorkelling

84

Pesce coniglio argentato

Pesce palla stellato

Pesce pagliaccio labbradolce

Manta

Pesce farfalla piramide nero

Pesce pipistrello bruno

Trigone

RESORT - HOTELS

Paradise Island

Kuramathi

Bandos

Club Med • Farukolhufushi

Nakatchafushi

Full Moon

Thulhagiri

Laguna Beach

Sun Island

Meeru

Veligandu

Maayafushi

Angaga

Reethi Beach

Holiday Island	Embudu	Kurumba
Helengeli	Ellaidhoo	Rangali Hilton
Royal Island	Male Atoll • Ihuru • Vabbinfaru • Baros	Fun Island
Kihaadhuffaru	Bathala	Meedhupparu
Club Med Kanifinolhu	Four Seasons	Kuredu

RESORT - HOTELS

Bathala

Halaveli

Fesdu

Bolifushi

Baros

Coco Palm

Vabbinfaru

Komandoo

Kudarah

Biyadhoo

Twin Island

Dhigufinolhu

Angsana-Ihuru

Cocoa Island

White Sands	Vakarufalhi	Villivaru
Lily Beach	Soneva Gili and Paradise	Lohifushi
Palm Beach	Vilamendhoo	Soneva Fushi
Picnic Island	Machchafushi	Mirihi
Kanuhura	Kandooma	Kuda Bandos

IL LABORATORIO DI MICHAEL FRIEDEL

La vela Dhoni ALADIN, prima barca indigena a motore dal 1974, é rimasta ancor oggi la mia prediletto mezzo di trasporto. Grazie al suo pescaggio minimo di soli 80 cm. riesco ad attraversare ogni scogliera fino alle piatte lagune delle isole abitate e disabitate. Non avrei potuto scattare molte delle mie fotografie senza Ahmed Adam, costruttore e proprietario di ALADIN, senza i suoi preziosi consigli e la sua grande disponibilità. I suoi esperti marinai sono i veri esploratori dei labirinti della barriera corallina. Alle Maldive ci sono solo pochi capitani che, al di fuori del loro atollo d'origine, conoscano la barriera e che siano capaci di intraprendere tale navigazione.

Viaggi lunghi intere settimane sull' ALADIN hanno condotto me e mia moglie verso isole i cui abitanti non avevano mai visto prima degli europei. Donne e bambini all'inizio si nascondevano, per poi, spinti dalla curiosità, mettersi in posa di fronte alla macchina fotografica con i migliori vestiti della festa. Trascorrevamo quasi tutte le notti in amaca su isole disabitate, sotto gli occhi inorriditi dell' equipaggio che aveva paura degli spiriti dell'isola e rimaneva sulla barca.

Raggiungemmo fondali incontaminati. I pesci non avevano ancora mai visto un sub. Cernie e squali di scogliera si avvicinavano a portata di mano per difendere le loro tane. I miei primi tentativi d'immersione con oltre cinquanta chili di equipaggiamento al collo e senza giubbetto mi costarono quasi la vita. Ho visto duecento squali prima di incontrarne uno proprio davanti all'obiettivo. Con l'aiuto del collega Herrwarth Voigtmann, oggi istruttore sub a Maayafushi, feci le prime riprese ravvicinate degli squali. Con una corda di nylon mi sono ancorato saldamente ad un corallo per resistere alla forte corrente marina. Fino a sette squali contemporaneamente si sono interessati a noi. Passavano addirittura nuotando tra le mie gambe senza toccarmi. Mi riuscì farli avvicinare fino a trenta centimetri dall'obiettivo.

Le mie foto aeree delle isole furono per gli abitanti delle Maldive un avvenimento sensazionale. Non avevano mai visto così chiaramente le loro isole dall'alto.

Una rappresentazione prettamente fotografica ha caratterizzato le prime pubblicazioni sulle Maldive. Per i maldiviani queste fotografie scattate secondo l'occhio di uno straniero si rivelavano una esperienza completamente nuova. La visione romantica che i turisti hanno dei loro luoghi era sino ad allora qualcosa di estraneo per loro. Oggi si possono osservare le mie foto in infinite variazioni su stoffa colorata in batic, su quadri e su T-Shirts.

Nel decimo anniversario dell'indipendenza venne emessa una serie di francobolli con quattro mie inquadrature e nello stesso periodo furono diffuse le prime cartoline, i poster e gli oggetti d'appendere.

Nel 1973 dovetti intraprendere diversi tentativi per fotografare le Maldive dall'alto. L'esercito di Ceylon fu molto disponibile dietro pagamento in dollari USA. La distanza di oltre 800 Km., l'assenza di ogni telecomunicazione, un'unica pista di atterraggio solo in parte asfaltata, resero il tentativo una vera e propria avventura. Il quadrimotore militare era troppo pesante e veloce cosicché dovetti rientrare a Colombo senza aver scattato alcuna foto. Il pilota tentò un secondo viaggio con un quadriposto Cessena unicamente con la bussola e senza altri strumenti. Dopo tre ore e mezza di volo vedemmo finalmente con sollievo le prime scogliere delle Maldive. Un'ora dopo raggiungemmo l'isola di Hulule. Nei successivi vent'anni sono sopravvissuto a cento ore di volo. È sempre più facile volare.

Per rendere giustizia alla naturali delle Maldive dovetti fotografare dall'alto, dalla superficie del mare e sott'acqua. Perciò ho imparato già da vent'anni ad immergermi alle Maldive.

Nei miei viaggi ho utilizzato da cinque a sette macchine fotografiche e dieci obiettivi da 16-500 mm. Per le riprese aeree va aggiunta tutta l'apparecchiatura. Solamente per le riprese aeree uso il Multifilter, in modo da rendere più visibili i banchi di sabbia e le scogliere che giacciono a pelo d'acqua. La maggior parte delle riprese aeree vengono effettuate a mezzogiorno con la posizione verticale dei raggi del sole, e se possibile, con la bassa marea. In questa maniera si esaltano i colori delle diverse profondità marine e le spiagge bianche si manifestano in tutta la loro bellezza.

Le Maldive si trovano all'equatore. La luce é forte, il contrasto grande. Trovare l'esatta esposizione alla

Ahmed Adam e Michael Friedel

Dhoni ALADIN 2004

Sua Eccellenza Maumoon Abdul Gayoom inaugura la mostra " 30 anni di turismo"

luce è molto difficile, l'esposimetro è di poco aiuto, serve solo l'esperienza. Le migliori riprese si effettuano la mattina fino alle 8 e il pomeriggo doppo le 16. Il tempo ideale per scattare le foto sulle Maldive è quello libero da foschie dopo la pioggia, soleggiato e senza vento. Allora il blu del cielo e quello del mare si confondono e le nuvole rarefatte si rispecchiano tra le isole.

La mia mostra fotografica nel centro congressi di Male „30 anni di turismo" fotografati da Michael Friedel è stata inaugurata dal presidente delle Maldive Sua Eccellenza Maumoon Abdul Gayoom in persona.

I reporter più famosi che raccontavano delle Maldive erano una volta il viaggiatore Ibn Battura: Viaggi alla fine del mondo 1325-1352, Francois Pyrard de Laval: The Voyage to the East Indies 1619 e H.C.P. Bell: The Maldives Islands, 1883 fino 1940. Nel 1984 ho incontrato Thor Heyerdahl sull'isola meridionale di Fua Mulaku. Come sempre era alla ricerca di tracce lungo antiche rotte a destra e a sinistra dell'equatore. In cambio di caramelle i bambini dell'isola gli portavano sacchi pieni di cocci di terracotta, tra cui alcuni preziosi, di provenienza greca, romana e cinese.

Anche il primo incontro con Hans Hass e Ireneüaus Eibl-Eibesfeld è avvenuto nel 1984 sull'isola di Bandos. I loro sensazionali reportage e le foto degli incontri ravvicinati con gli squali di barriera sono indimenticabili. Nel dicembre del 1957 sono arrivati alle Maldive a bordo della Xarifa, una nave utilizzata per le ricerche e, grazie alle loro affascinanti esperienze marine e sottomarine, hanno scritto un pezzo di storia delle immersioni.

Appuntamento fotografico con gli squali e Herrwarth Voigtmann davanti a Bandos

Gli esploratori Irenäus Eibl-Eibesfeld e Hans Hass

Thor Heyerdahl esamina antichi resti

INFORMAZIONI SULLE MALEDIVE

VIAGGIO
Con voli charter direttamente e velocemente dall'Europa: LTU, CONDOR, ALITALIA. Ormai i voli di linea non costano più molto, però sono più lunghi: AIR LANKA, EMIRATES AIRWAYS, INDIAN AIRWAYS, SINGAPORE AIRLINES, QUATAR AIRWAYS.

DOCUMENTI E DISPOSIZIONI DOGANALI
I cittadini europei non hanno bisogno di nessun visto ma un passaporto valido almeno 3 mesi. È proibito importare bevande alcoliche, carne di maiale, cani e materiale pornografico.

VALUTA
La valuta corrente é la rufiyaa maldiviana. Il dollaro americano è la moneta più usata per i pagamenti. L,Euro sta prendendo sempre più piede. Le altre valute hanno un cambio molto sfavorevole. Nella maggior parte dei casi vengono accettate le comuni carte di credito.

MEDICINE
Portate le medicine di uso personale, antidolorifici e antidiarroici, cerotti, fazzoletti disinfettanti per piccole ferite sugli scogli corallini e una lozione contro le bruciature solari. L,assistenza medica è disponibile solo a Male e in alcune isole-albergo. Nel caso di incidenti durante le immersioni, in alcune isole-albergo, come ad esempio su Bandos, vi sono delle camere iperbariche.

HOTEL
L,alloggio sull,isola deve essere prenotato assolutamente prima della partenza.

RELIGIONE ED ETICA
Per i maldiviani il giorno di riposo settimanale è il venerdi: come per noi la domenica. È vietato in tutte le isole fare il bagno nudi. Per le escursioni a Male e nelle isole abitate si devono seguire certe attenzioni riguardo il vestiario. La spalle e la parte superiore delle braccia devono essere coperte, sono proibiti i pantaloni corti.

TRASPORTI
Le barche degli alberghi vi porteranno dall'aeroporto alla vostra isola delle vacanze. Per gli atolli più distanti può essere prenotato un servizio di idrovolante. I taxi (auto e barche) si trovano solo a Male.

CORRENTE ELETTRICA
In tutte le isole 220 Volt.

ABBIGLIAMENTO ED EQUIPAGGIAMENTO
Nella maggior parte delle isole regna una atmosfera rilassata e libera. Conviene lasciare a casa gioielli e scarpe per camminare. In valigia si consiglia di portare abiti semplici di cotone leggero, poiché le buone lavanderie sono rare. Non dimenticate creme da sole con alto fattore di protezione, lozioni dopo sole, insetticidi, cappello da sole, occhiale, costumi da bagno, sandali, tuta da ginnastica e numerosi libri da spiaggia assieme a maschera con boccaglio e pinne.

TELEFONO E TELEVISIONE
Dalla maggior parte delle isole si può via satellite senza problemi telefonare e inviare fax con tutto il mondo. La televisione locale trasmette notizie in lingua inglese. In alcune isole funziona la televisione via satellite. A Male è possibile acquistare a buon prezzo delle carte telefoniche.

FUSO ORARIO
Dall'Europa, secondo la stagione, vi è una differenza di 3-4 ore in più.

GASTRONOMIA
Cucina internazionale in tutte le isole di villeggiatura. La maggior parte di queste ha solo un ristorante e pensione completa. In alcune, poche, c' é un caffè e un ristorante alla carta. In tutte le isole di villeggiatura si possono bere alcolici. In Male si trovano numerosi piccoli ristoranti nei quali é vietata la vendita di bevande alcoliche.

CLIMA
Sono soprattutto i due venti monsonici che producono variazioni atmosferiche. Il monsone sud-ovest dura dalla fine di aprile circa sino a settembre: Al termine del periodo si hanno piogge, tempeste e temporali. Il periodo del monsone nord-est é il più secco e dura da dicembre fino ad aprile. Le temperature raggiungono mediamente in tutto l'anno i 30° C, la temperatura dell'acqua nelle lagune oscilla tra i 27° e i 29° C.

SHOPPING E SOUVENIRS
Comprare al "Duty free" in Male é appena conveniente. Nei negozi si vendono T-Shirts, fazzoletti, cartoline, poster, oggetti d'appendere, scatole in legno colorate, ornamenti in corallo, denti di squalo. Mercanteggiare fa parte delle buone maniere. Vengono offerti anche articoli di tartaruga, quali gusci di tartaruga e conchiglie che sono protetti per legge. Chi viene trovato in possesso di tali oggetti deve restituire la merce e pagare una multa di 500 US$.

ESCURSIONI
Una escursione giornaliera tramite i Dhoni verso le altre isole di villeggiatura e verso Male é sovente l'unica possibilità di lasciare la propria isola e vedere qualche cosa in più del paese e dei suoi abitanti. In Male c' é anche l'opportunità di osservare abbastanza da vicino la vita della popolazione locale. Tra le attrazioni c' é la imponente Moschea è da vedere, così come lo sono il museo del paese, il mercato centrale e quello del pesce al porto. Un safari settimanale con un semplice Dhoni, che riesce a penetrare attraverso la barriera corallina nelle piatte lagune rappresenta uno degli spettacoli più esaltanti di una vacanza alle Maldive. É la migliore opportunità di conoscere i mondi sottomarini e quelli delle isole.

SPORT E TEMPO LIBERO
In alcune isole settimanalmente si svolge una serata-disco o un concerto dal vivo. Pesca notturna e relativa grigliata sono organizzate nella maggior parte delle isole. Alcune di queste offrono tennis, vela e palestra. Quasi tutte hanno una scuola d'immersione e di surf. Le attrezzature possono essere noleggiate. Safari d'immersione settimanali nelle zone più belle.

REPUBLICA DELLE MALDIVE
Le isole collegate agli atolli sono situate al 73 meridiano tra 0º 42' sud e 0º 10' nord e si estendono per 753,6 Km. in lunghezza e da est a ovest per 118,1 Km. in larghezza. La distanza minima dalla terraferma indiana é di 350 Km. e da Sri Lanka é 740 Km.
Geografia: prevalentemente atolli di isole coralline
Grandezza: 1195 isole per una superficie di 298 Kmq.
Specchio d'acqua: ca. 107.500 Kmq.
Popolazione complessiva: 240.000
Capitale: Male (80.000)
Coefficiente di crescita annuale della popolazione: 3.8%
Religione: 100% mussulmani
Lingua: Maldivi (Divehi), Inglese
Unità monetaria: Rufiyaa maldiviana
Ordinamento dello stato: dal 1965 Repubblica presidenziale indipendente.

TABELLA CLIMATOLOGICA

	gen.	feb.	mar.	apr.	mag.	giu.	ago.	lug.	sett.	ott.	nov.	dic.
Media delle temperature massime giornaliere in °C	31	31	32	33	33	32	32	32	32	32	31	31
Media delle temperature minime notturne in °C	24	24	25	26	26	25	25	25	25	24	24	23
Media della durata giornaliera del sole (in ore)	7	8	7	6	5	5	6	6	6	6	6	6
Piovsità media mensile in giorni	11	2	6	9	17	15	11	12	12	19	12	17

MAP OF MALDIVES
OUT OF SPACE

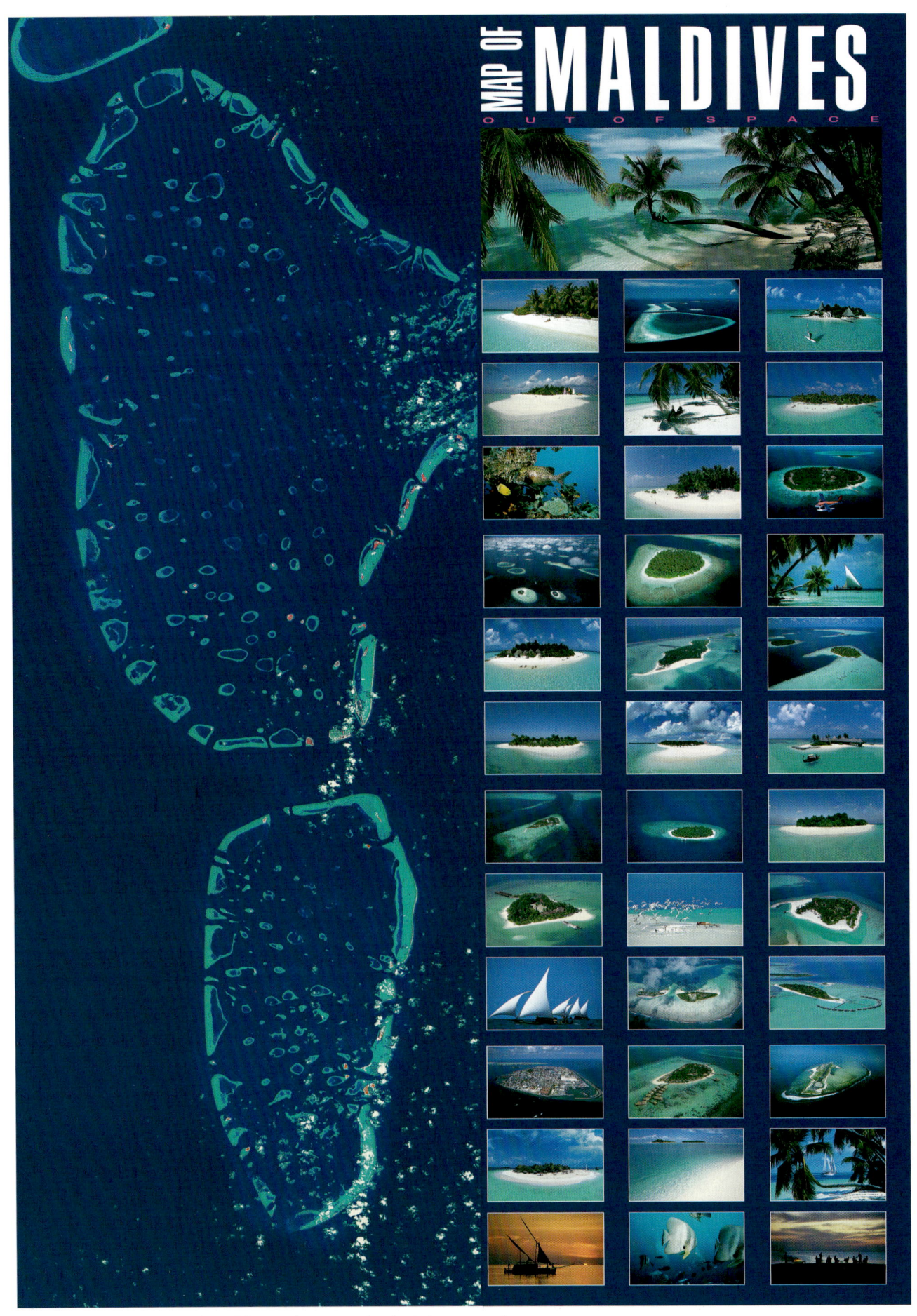

North-South Male Atoll Maldives photographed 80 km out of space

Maldives Atolls Map

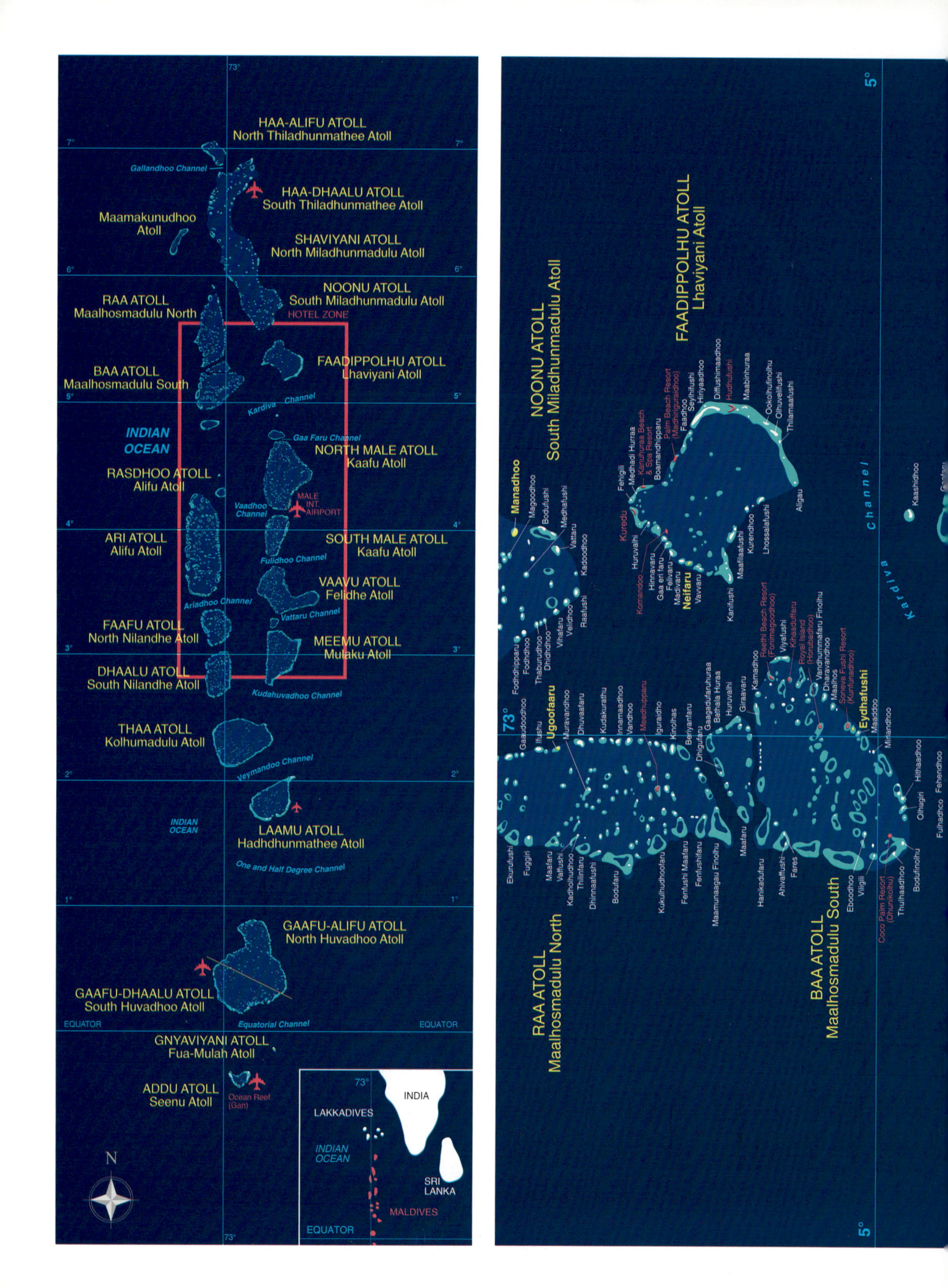

Left Panel — Overview Map

HAA-ALIFU ATOLL
North Thiladhunmathee Atoll

Gallandhoo Channel

Maamakunudhoo Atoll

HAA-DHAALU ATOLL
South Thiladhunmathee Atoll

SHAVIYANI ATOLL
North Miladhunmadulu Atoll

RAA ATOLL
Maalhosmadulu North

NOONU ATOLL
South Miladhunmadulu Atoll

HOTEL ZONE

BAA ATOLL
Maalhosmadulu South

FAADIPPOLHU ATOLL
Lhaviyani Atoll

Kardiva Channel

INDIAN OCEAN

Gaa Faru Channel

RASDHOO ATOLL
Alifu Atoll

NORTH MALE ATOLL
Kaafu Atoll

Vaadhoo Channel

MALE INT. AIRPORT

ARI ATOLL
Alifu Atoll

SOUTH MALE ATOLL
Kaafu Atoll

Fulidhoo Channel

VAAVU ATOLL
Felidhe Atoll

Ariadhoo Channel

Vattaru Channel

FAAFU ATOLL
North Nilandhe Atoll

MEEMU ATOLL
Mulaku Atoll

DHAALU ATOLL
South Nilandhe Atoll

Kudahuvadhoo Channel

THAA ATOLL
Kolhumadulu Atoll

Veymandoo Channel

INDIAN OCEAN

LAAMU ATOLL
Hadhdhunmathee Atoll

One and Half Degree Channel

GAAFU-ALIFU ATOLL
North Huvadhoo Atoll

GAAFU-DHAALU ATOLL
South Huvadhoo Atoll

EQUATOR — *Equatorial Channel* — EQUATOR

GNYAVIYANI ATOLL
Fua-Mulah Atoll

ADDU ATOLL
Seenu Atoll

Ocean Reef (Gan)

N

Inset
INDIA
LAKKADIVES
INDIAN OCEAN
SRI LANKA
MALDIVES
EQUATOR

Right Panel — Detail Map

FAADIPPOLHU ATOLL
Lhaviyani Atoll

NOONU ATOLL
South Miladhunmadulu Atoll

Diffushimaadhoo, Hudhufushi, Hiriyaadhoo, Maabinhuraa, Ookolhufinolhu, Ohuvelifushi, Thilamaafushi

Kuredu, Kanifuraa Beach, Palm Beach Resort (Madhiringuraidhoo), Faadhoo, Seyinifushi, Boamandhippuru

Fehigili, Medhadi Hurraa

Manadhoo
Magoodhoo, Bodufushi, Medhafushi, Vattaru, Kadoodhoo

Raafushi, Maafiaaashi, Kurendhoo, Lhossalufushi, Aligau, Kaashidhoo

Kuredu, Hinnavaru, Komandoo, Gaa eri faru, Huruvahi, Felivaru, Madivaru

Neifaru
Vavvaru, Kanifushi

Kardiva Channel

Fodhdhipparu, Fodhndhoo, Thaburudhoo, Dhidhdhoo, Vinafaru, Veldhoo

Ugoofaaru
Gaaudoodhoo, Iifushu, Muravandhoo, Dhuvaafaru, Kudakurathu, Innamaadhoo, Vandhoo

Kamadhoo, Gaagadfanhuraa, Bathala Huraa, Reethi Beach Resort (Fonimagoodhoo), Vlyafushi, Kihaadufaru, Royal Island (Horubadhoo), Vandhunmaafaru Finolhu, Dharavandhoo, Maalhos, Soneva Fushi Resort (Kunfunadhoo)

Meedhuppuru
Iguraidho, Kinolhas, Beriyanfaru, Dhigufaru, Giraavaru, Huruvalhi

Evdhafushi
Maaddoo, Mirandhoo, Ohugiri, Olhadhoo, Fulhadhoo, Fehendhoo, Hithaadhoo

Ekurufushi, Fuggiri, Maafaru, Vaffushi, Kadolhudhoo, Thilnfaru, Dhinnaafushi, Boduharu, Kukulhudhoofaru, Fentushi Maafaru, Fentushaan, Maamunaagau Finolhu, Maafaru, Hanikadufaru, Ahivafushi, Fares, Viligili, Eboodhoo, Bodufinolhu, Thulhaadhoo

Coco Palm Resort (Dhunikolhu)

RAA ATOLL
Maalhosmadulu North

BAA ATOLL
Maalhosmadulu South

Map of the Maldives

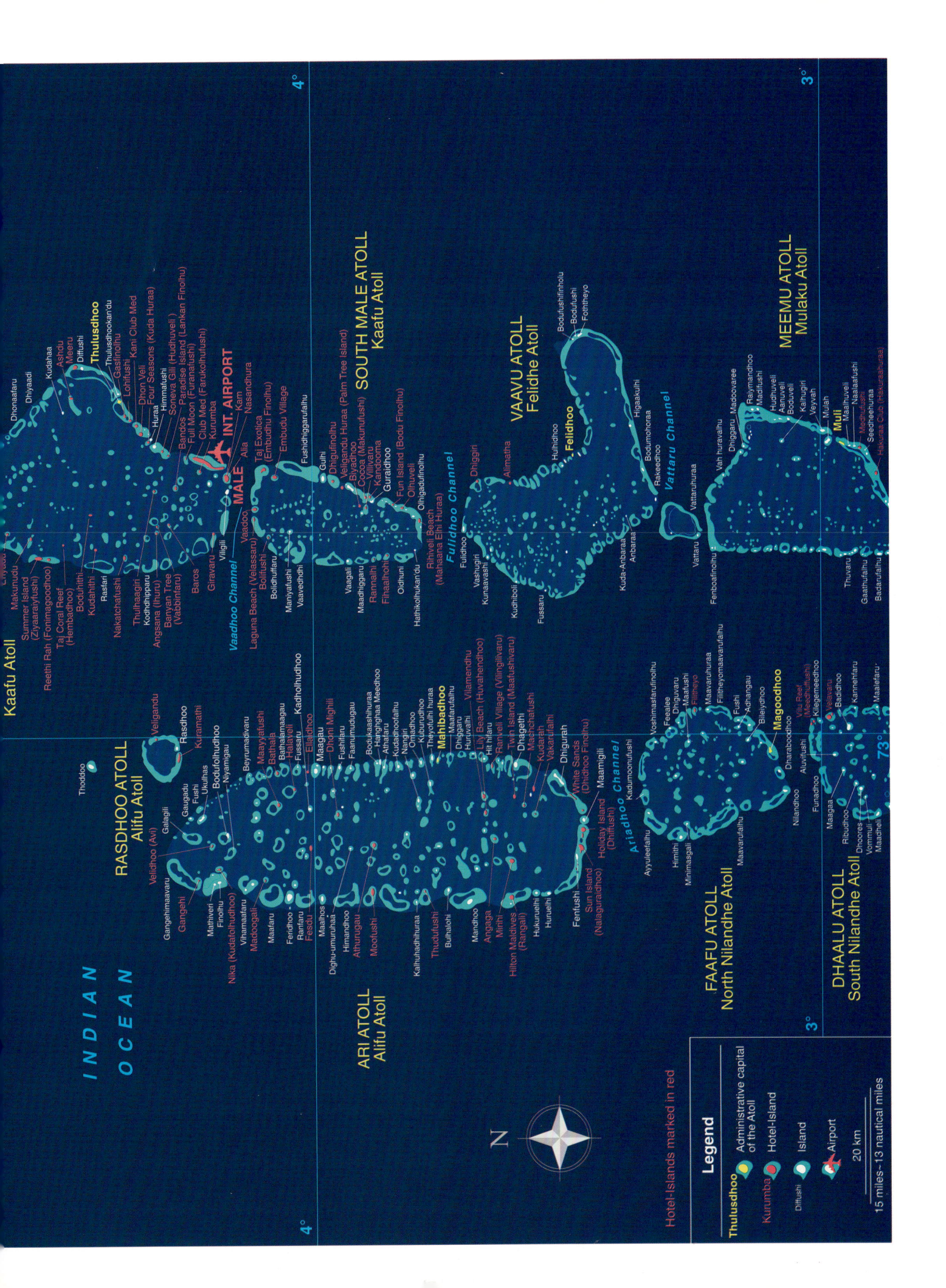

INDIAN OCEAN

Kaafu Atoll
Dhonaataru, Dhiyaadi, Kudahaa, Ashdu, Meeru, Diffushi, **Thulusdhoo**, Thulusdhookan'du, Gasfinolhu, Kani Club Med, Lohifushi, Paradise Island (Lankan Finolhu), Dhon Veli, Huraa, Four Seasons (Kuda Huraa), Soneva Gili (Hudhuveli), Himmafushi, Bandos, Full Moon (Farukolhufushi), Club Med (Furanafushi), Kurumba, **MALÉ**, **INT. AIRPORT**, Aia, Nasandhura, Taj Exotica (Embudhu Finolhu), Embudu Village, Fushidhiggarufalhu

Makunudu, Summer Island (Ziyaaraifushi), Reethi Rah (Fonimagoodhoo), Taj Coral Reef (Hembadhoo), Boduhithi, Kudahithi, Rastari, Nakatchafushi, Thulhaagiri, Kodhdhipparu, Angsana (Ihuru), Banyan Tree (Vabbinfaru), Baros, Giravaru, Vilingli, Vaadoo, Laguna Beach (Velassaru), Bolifushi, Boluhuftaru, Maniyafushi, Vaavedhi

Vaadhoo Channel

RASDHOO ATOLL — Alifu Atoll
Thoddoo, Veligandu, Rasdhoo, Kuramathi, Madoogali, Gangehi, Galagili, Fushi, Ukulhas, Boduifolhudhoo, Niyamigau

ARI ATOLL — Alifu Atoll
Gangehimaavaru, Mathiveri, Finolhu, Feridhoo, Ranfaru, Fesdu, Nika (Kudatolhudhoo), Maalhos, Dighu-umuruhaá, Himandhoo, Athurugau, Mootushi, Kalhuhadhihuraa, Thudufushi, Buhaloni, Mandhoo, Angaga, Miriihi, Hilton Maldives (Rangali), Hukurueli, Hurueini, Fenfushi, Sun Island (Natagauraidhoo), Holiday Island (Dhiffushi), Beyrumadivaru, Maayafushi, Bathala, Bathalamaagau, Halaveli, Fussaru, Kadholhudhoo, Maagbu, Dhoni Mighili, Fushifaru, Faanumudugau, Harighhaa Meedhoo, Kudadhoofalhu, Athafaru, Nangiru, Theyofushi Huraa, Kuburudhoo, Omadhoo, Maafarufalhu, Dhigharu, Huruivalhi, Hit Iifaru, Lily Beach (Huvahendhoo), Ranveli Village (Viingilivaru), Twn Island (Maafushivaru), Dhagethi, Machchafushi, Kudarah, Vakarufalhi, Dhigurah, White Sands (Dhidhoo Finothu), Maamigili

Guihi, Dhigufinolhu, Veligandu Huraa (Palm Tree Island), Cocoa (Makunufushi), Biyadhoo, Villi Vru, Kandooma, Guraidhoo, Fun Island (Bodu Finolhu), Olhuveli, Hathikolhukan'du, Vaagali, Maadhigaru, Rannalhi, Fihaalhohi, Oidhuni, Rihiveli Beach (Mahaana Elhi Huraa), Fulidhoo, Vashugiri, Kunaavashi, Kudhiboli, Fussaru, Kuda-Anbaraa, Anbaraa

Fulidhoo Channel

SOUTH MALE ATOLL — Kaafu Atoll

VAAVU ATOLL — Felidhe Atoll
Hulhidhoo, Alimatha, Bodumohoraa, Rakeedhoo, **Felidhoo**, Dhiggiri, Fenboafinolhu, Kadumoontushi, Vattaruhuraa, Higaakulhi, Vattaru, Vah huravathu, Thuvaru

Vattaru Channel

MEEMU ATOLL — Mulaku Atoll
Bodutshifinholu, Bodufushi, Fonttheyo, Dhiggaru, Madoovaree, Raymandhoo, Madifushi, Hudhuveli, Aaruveli, Boduveli, Kalhugiri, Veyvah, **Muli**, Mulah, Maalhuveli, Naalaafushi, Medufushi, Seedheehuraa, Hakuraa Club (Hakuraahuraa), Gaathafalhu, Badarufalhu, Kamentaru, Maalefaru

FAAFU ATOLL — North Nilandhe Atoll
Voshimastarufinolhu, Feealee, Dhiguvaru, Maavarufinolhu, Fushi, Adhangau, Bileydhoo, Filitheyomaavarutalhu, Maafushi, Fiteyyo, **Magoodhoo**, Vlu Reef (Medhufushi), Kilegemeedhoo

Ayyuleefalhu, Himithi, Minimasgali, Nilandhoo, Dharaboodhoo, Auvitushi, Funadhoo

DHAALU ATOLL — South Nilandhe Atoll
Maagaa, Riburdhoo, Dhooees, Vommuli, Maadheli, Badidhoo, **Vaavaru**, 73°

Legend
- **Thulusdhoo** — Administrative capital of the Atoll
- **Kurumba** — Hotel-Island
- Diffushi — Island
- Airport

Hotel-Islands marked in red

20 km / 15 miles – 13 nautical miles

N

BOOKS PHOTOGRAPHED BY MICHAEL FRIEDEL

MALEDIVEN DAS BESTE VON MICHAEL FRIEDEL	**MALDIVES** THE VERY BEST OF MICHAEL FRIEDEL	**LE MALDIVE** IL MEGLIO DI MICHAEL FRIEDEL	**LES MALDIVES** LE BEST OFF DE MICHAEL FRIEDEL	モルディブ
German	English	Italian	French	Japanese
DOMINIKANISCHE REPUBLIK	**DOMINICAN REPUBLIC**	**REPUBBLICA DOMINICANA**	**RÉPUBLIQUE DOMINICAINE**	**REPÚBLICA DOMINICANA**
German	English	Italian	French	Spanish
HALBINSEL YUCATAN MEXIKO	**PENINSULA YUCATAN MEXICO**	**PENISOLA YUCATAN MESSICO**	**PENINSULE YUCATAN MEXIQUE**	**PENINSULA YUCATAN MEXICO**
German	English	Italian	French	Spanish
SEYCHELLEN	**THE SEYCHELLES**	**LE SEYCHELLES**	**LES SEYCHELLES**	
German	English	Italian	French	
BALI	**MAURITIUS**	SATELLITE MAP OF THE MALDIVES 1 : 800 000	MAPA MEXICO RIVIERA MAYA YUCATAN 1 : 800 000	MAP OF THE DOMINICAN REPUBLIC 1 : 600 000
German	German			

International: http://www.amazon.com; http://www.barnesandnoble.com; http://www.borders.com
Germany: www.amazon.de; **www.michael-friedel.de**; E-Mail: info@michael-friedel.de
Austria: www.freytagberndt.com; **Canada**: www.edipresse.ca
France: Vilo Diffusion, 25, rue Ginoux, 75015 Paris, Fax: 01 45 79 97 15; **Swiss**: www.sbz.ch

Impressum
Nuova versione attualizzata
Prima edizione Italiana, MM-Photodrucke GmbH, 83623 Steingau; Progetto: Marion & Michael Friedel; Fotografie: ©Michael Friedel
Traduzione: Monica Cirinna; Titolo & impaginazione: Ufficio grafico Stahl, Monaco; Cartine: ©Thomas Braach, Monaco
Stampato da EGEDSA, Spain; ©Marion & Michael Friedel
ISBN 3-929489-34-1 Printed in EU